Ullstein

ÜBER DAS BUCH:

Werner F. J. Schmitt, Geschäftsführer und Inhaber von »King's Teagarden« in Berlin, Erfinder, hat seine fast vierzigjährige Erfahrung, Forschung und den Umgang mit den Genußmitteln Kaffee und Tee für »Tea« hier aufgeschrieben. Er propagiert – abseits philosophischer Verbrämung – den Tee als geselliges Ereignis mit einer auf europäische Verhältnisse zugeschnittenen Teezeremonie.
Seine praxisorientierten Ratschläge umfassen einen Themenkatalog, der von aromatisierten Tees über Teefilter bis zu bestimmten Härtegraden im Wasser führt.

DER AUTOR:

Werner Franz Josef Schmitt, geboren am 21. 12. 1939 in Freiburg im Breisgau, hat sich gründlich zum Kaufmann ausgebildet. Schmitt hat nahezu 20 Jahre als Prokurist und Leiter des Gesamteinkaufs eines internationalen Kaffee-Konzerns die Schule des Markenartikels erlebt und gelebt. Er war verantwortlich für die Verpackungsentwicklung, Frischhaltung von Röstkaffee, für Produkt- und Projektmanagement, für neue Produkte und für Tee. Er bereiste das In- und Ausland und ist so weltweit über die Produkte Kaffee, Tee und Kakao informiert. Als Noch-Kaffeetrinker hat er das Marketing und die Produktion für King's Teagarden aufgebaut. Nun hat er sich schon fast 20 Tee-Herbste und -Winter am Kurfürstendamm weitergebildet, stark kundenorientiert. Er kennt sie alle, »the teadrinking world«. Zu diesem Buch, jetzt bei Ullstein, hat sich eine CD gesellt, also Warenkunde zum Hören. Life können Sie Schmitt erfahren, denn er referiert mindestens einmal im Monat. Das Teeseminar ist unglaublich spannend, da hier nicht nur visuell oder verbal Genuß vermittelt wird, es gibt auch Genießertee vom Feinsten.
Zum Thema Tee und Gesundheit wurden Veröffentlichungen des Deutschen Teebüros sowie der Herren Alexander Urchs-Kekulé und Prof. Dr.-Ing. Johannes Wurziger sowie die Zeitschrift »Sputnik« zu Rate gezogen.
Die Fotos auf den Seiten 121–124 stammen aus dem Archiv von Werner F. J. Schmitt; alle übrigen Fotos in diesem Buch wurden von Jürgen Spohn gemacht.

Werner F. J. Schmitt

Tea

Unkonventionelles
zum optimalen Teegenuß

Ullstein

Ullstein Buchverlage GmbH,
Berlin
Taschenbuchnummer: 35756

Originalausgabe
September 1997

Umschlaggestaltung:
Vera Bauer

Printed in Germany 1997
Gesamtherstellung:
Ebner Ulm
ISBN 3 548 35756 3

Die Deutsche Bibliothek –
CIP-Einheitsaufnahme

Schmitt, Werner F. J.:
Tea: Unkonventionelles zum optimalen
Teegenuß/Werner F. J. Schmitt. –
6., überarb. Aufl. – Berlin:
Ullstein, 1997
(Ullstein-Buch; Nr. 35756)
ISBN 3-548-35756-3

Ich widme dieses Buch meinen Kindern

Franziska J. E.
Benjamin P. F.
Stefanie E. S.
Patrick J. C.
Katja C. G.

Inhalt

Warum noch ein Teebuch?	9
Ich empfehle Ihnen, Tee zu trinken	13
Wo Sie Ihren Tee kaufen sollten	16
Wie man Tee aufbewahrt	20
Von den Wohltaten des Tees	26
Die Zubereitung von Tee	31
Darf man Tee filtern? oder: Was nicht auf den Teetisch gehört	41
Tee verfeinern	46
Tee genießen oder: Tee trinken bedeutet die Seele baden	50
Aromatisierter Tee	63
Grüntee oder grüner Tee	69
Tee auf Reisen	72
Bio-Tee, Öko-Tee, Tee aus kontrolliertem Anbau	75
Tee nach Ostfriesenart	77
Tee nach englischer Art	80
Wenn der Samowar summt . . .	83

Tee und Gesundheit 86
Ein Kapitel Teekunde 99
Welcher Tee wann und wozu? 120
Die zehn goldenen Regeln für den Teegenuß 127
Wenn der Tee nicht schmeckt – Checkliste 130
Wie man Teekenner wird 134
Tee von A bis Z 139

Warum noch ein Teebuch?

Es gibt viele Teebücher. Zu viele. Doch in keinem dieser Bücher, die ich selbstverständlich sammle, stand das, was ich in Jahren mit Tee erlebt und erfahren habe und Ihnen sagen möchte. Deshalb gibt es nun dieses Buch.

»Tea« wurde als Titel gewählt, weil es der international verständliche Begriff ist für das, was wir meist unter schwarzem und hin und wieder auch unter grünem Tee verstehen.

Die Teebücher, die ich kenne, sind von Teeliebhabern geschrieben. Doch was man liebt, kann man nicht objektiv beurteilen. Liebhaber neigen zum Schwärmen, sie sind unkritisch. Dagegen ist mein Verhältnis zum Tee rational. Nichts liegt mir ferner, als fernöstliche Zeremonien in mitteleuropäische Wohnzimmer zu verpflanzen. Meine Teejahre habe ich damit verbracht, für meine Freunde und mich den besten Tee zu suchen und die beste Methode, ihn zuzubereiten. Zahlreiche Rezepte zum optimalen Genuß sind dabei herausgekommen, getreu dem Motto Gottlieb Daimlers: »Das Beste oder nichts.«

So habe ich alles, was ich über Tee hörte oder las, kritisch hinterfragt, habe recherchiert und, soweit erforderlich, getestet. Dabei kam ich zu Erkenntnissen, die oft dem üblichen »Teewissen« entgegenstehen. Ein paar Beispiele:

1. Man sagt, die Teekanne dürfe nie mit Geschirrspülmittel gereinigt werden. Falsch! Ist sie aus Glas oder Porzellan – und das ist sie bei mir immer –, dann muß sie mit einem Reinigungsmittel oder in einem Geschirrspülautomaten gereinigt werden. Denn nur in einem peinlich sauberen Gefäß kann guter Tee kredenzt werden. Früher mag ein solch überkommener Grundsatz gegolten haben, als man noch Eß- und Trinkgefäße aus Metall benutzte. Da war man froh, wenn die Metallkanne innen mit einer Teepatina bedeckt war, denn die vermied eine Reaktion zwischen Metall und Tee, die sich nur negativ auf die Qualität des Tees auswirken konnte.

2. Man sagt, die Teekanne müsse vorgewärmt werden. Falsch! Wird die Teekanne vorgewärmt, dann muß der Teetrinker noch länger als ohnehin schon warten, bis der Tee auf Trinktemperatur abgekühlt ist. Auch kann die Kanne nicht aus-

reichend Überhitze ableiten, die das äußerst hitzeempfindliche ätherische Aromaöl der Teeblätter rapide zerstört. Das Kannenvorwärmen ist historisch zu betrachten: Zum Beispiel die Silberkanne wurde vor der Benutzung mit heißem Wasser ausgespült, um zumindest das Gefühl einer gereinigten, sauberen Kanne zu haben. Die Reinigung war das Motiv, nicht das Vorwärmen.

3. Man sagt, es gehöre für jede Tasse Tee ein Teelöffel voller Teeblätter in die Kanne und »für die Kanne« noch einer extra und zitiert: »One for the cup and one for the pot.« Falsch! Das kann ganz einfach deshalb nicht gehen, weil ein Tee je nach Art und Herkunft ganz unterschiedliches Volumen hat. Ein Assam ist – um Beispiele zu nennen – relativ großvolumig und damit leicht; ein chinesischer Gunpowder bei gleichem Volumen viel schwerer. Für die optimale Dosierung von Tee müssen wir also nicht das Volumen, sondern das Gewicht heranziehen: 2,75 g für eine Tasse mit 150 ml Inhalt. Das gilt für Blatt-Tee, Broken ist ergiebiger. Weitere Hinweise im Kapitel »Die Zubereitung von Tee«, Seite 31.

Diese abstruse Regel kann ich mir nur so erklären, daß findige Absatzstrategen englischer Teeimporthäuser eines Tages den großartigen Gedanken hatten, durch »one for the pot« den an sich schon hohen englischen Teeverbrauch nun noch einmal zu erhöhen . . .

Sie haben hier ein Teebuch in der Hand, das nicht die Tradition fortsetzt, von vorhergehenden Generationen mehr oder weniger überholte Rezepte zu übernehmen (oder gar abzuschreiben). Was hier geschrieben wurde, ist selbst erlebt, selbst ausprobiert. Für jeden Satz und jede Fußnote stehe ich gerade. Prüfen Sie es nach.

Ich empfehle Ihnen, Tee zu trinken

Was für die meisten Genußmittel gilt, bleibt für den Tee eine Ausnahme: Sein Genuß ist ein Vergnügen ohne Reue. Selbst Cornelius Bontekoe, holländischer Arzt am Hof des Kurfürsten von Brandenburg, der Überlieferungen zufolge bis zu 200 Tassen Tee am Tag trank, nahm dabei keinen Schaden, sondern endete durch einen Sturz von der Treppe.

Tee erfrischt und belebt. Nicht plötzlich wie ein starker Kaffee. Tee erzeugt auch kein Herzklopfen. Er hat eine angenehme, den Organismus schonende Langzeitwirkung. Das im Tee enthaltene Coffein (Tein ist das falsche Wort!) wirkt stimulierend auf das Zentralnervensystem und die Gehirnfunktion, aber durch das Purin »Adenin« schwächer und mit längerer Wirkung als Kaffee.

Tee bietet Ihnen eine weite Skala des Genusses. Wählen Sie den passenden Tee nach Tages- und Jahreszeit, nach Stimmung und Umgebung.

Sie werden erleben, daß Tee beinahe alle Ansprüche des Genusses abdeckt, vom zart-blumigen Darjeeling über den kräftig-würzigen Assam oder den fein-herben Ceylon-Tee, über duftige Mischungen mit fernöstlichen Blüten bis zum wild-exotischen Karibik-Blend. In einem guten Teefachgeschäft finden Sie 150 Sorten Tee und mehr. Bei geschicktem Einkauf können Sie an jedem Tag des Jahres einen anderen Tee trinken. Dabei ist Tee ein preiswertes und weitverbreitetes Getränk. Nach dem Wasser ist er der Favorit in allen Klimazonen der Erde.

Tee schärft den Geist und erhöht die Konzentrationsfähigkeit. Er macht munter und fördert die Geselligkeit, er schafft eine Stimmung, in der Sie sich wohl fühlen. Tee macht lustig, denn er hilft Ihnen, die Sorgen des Alltags abzuschütteln. Er beschwert nicht, sondern er beschwingt. Und er macht unempfindlich gegen Lärm und Streß; die Teepause hat gerade in unserer Zeit ihren guten Grund.

Teegenuß mit fernöstlicher Kultur und fernöstlicher Lebensart gleichzusetzen und diese unkritische zu übernehmen – davor kann ich nicht genug warnen. Was jenseits von Suez als Genuß empfunden wird, deckt sich nicht immer mit unseren Ansichten. Wir sollten vielmehr versuchen, mit dem Tee in unserer Art zu leben und unsere eigene Teezeremonie, ja Teekultur zu entwickeln.

Belebung – Konzentrationsfähigkeit – Besinnlichkeit sind die drei Stichwörter für kultivierten Teegenuß. Die Teepause gewährt als Zäsur in der Hast des Tages Entspannung und gibt gebündelt neue Kraft. Tee begleitet mich durch den Tag vom Early Morning Tea bis zur letzten Tasse zur Nacht. Er bedeutet für mich Genuß. Wenn Tee darüber hinaus meiner Gesundheit nutzt und mich vor Gebrechen bewahren sollte, so ist dies eine angenehme Folge, aber nicht der ausschließliche Grund, Tee zu trinken.

Tee mit Freunden zu genießen, um den geschmackvoll arrangierten Teetisch sitzend, bei angeregter Plauderei, das ist die schönste Stunde des Tages.

Wo Sie Ihren Tee kaufen sollten

Wer sich und seinen Gästen optimalen Teegenuß bereiten will, kauft Tee nicht im Supermarkt, sondern im Fachgeschäft.

Der Teeladen

Unterscheiden Sie genau zwischen einem Teefachgeschäft und einem Teeladen, wie man ihn heute schon in jeder Kleinstadt findet.

Teeläden – man schätzt ihre Anzahl auf mittlerweile etwa 5000 in unserem Land – werden meist von Liebhabern des Tees betrieben, die eine sentimentale Zuneigung zu ihrer Ware haben. Teeläden erkennen Sie daran, daß Ihnen eine Wolke von Teegerüchen entgegenschlägt, wenn Sie die Tür öffnen, oft vermischt mit dem Geruch von Räucherstäbchen und parfümierter Seife.

Wenn Sie den Geruch mögen, so besuchen Sie

den Laden hin und wieder, schauen sich in Ruhe um, kaufen dort irgend etwas – meist handelt es sich ja sowieso um einen Gemischtwarenladen –, aber tun Sie sich und Ihren Lieben den Gefallen, und kaufen Sie dort keinen Tee.

Vielleicht kaufen Sie in einem solchen Teeladen billig ein, wahrscheinlich aber nicht preiswert, wenn Sie Preis und Qualität miteinander vergleichen. Warum der so anheimelnde Teegeruch ein Ausweis für die Inkompetenz des Ladeninhabers ist, erläutere ich Ihnen im Kapitel »Wie man Tee aufbewahrt« auf Seite 20.

Das Teefachgeschäft

Ein Teefachgeschäft muß man oft lange suchen. Es gibt nur wenige. Wenn Sie aber meinen, das richtige gefunden zu haben, so vergleichen Sie die hier aufgeführten Eigenschaften. Treffen die meisten auf Ihr Teefachgeschäft zu, so können Sie mit dem Einkauf beginnen.

1. Erwarten Sie eine Produktpalette in einer überwältigenden Vielfalt und durchweg gehobener Qualität. Ihr Teefachgeschäft sollte Tees aus international bekannten Spitzengärten führen. Mehr als 150 verschiedene Teesorten und Mischungen im Angebot sind keine Seltenheit.

2. Achten Sie auf produktgerechte Verpackung in richtigen Verbrauchsmengen (vgl. Seite 24). Eine stattliche Reihe von Blechdosen, aus denen nach Bedarf Sicht- und Riechproben entnommen und schließlich die benötigten Mengen abgewogen werden, stellt zwar die gemütliche Atmosphäre eines Gemischtwarenladens her, ist aber kein Ausweis individueller Bedienung, sondern eher ein Vergehen am Tee, da dieser bei jeder Berührung mit Luft an Aroma verliert.

3. Bestehen Sie auf durch objektives Wissen getragene fachliche Beratung. Leere Huldigungen und ein auf bloß subjektive Erfahrungen basierendes Gespräch haben im Teefachgeschäft keinen Platz. Im Mittelpunkt steht der Teegenuß, und der hat mit fernöstlichem Ambiente wenig zu tun.

4. Schauen Sie nicht nur auf den Preis, sondern vor allen Dingen darauf, was sie dafür erhalten.

5. Das Teefachgeschäft stellt Ihnen Ihre individuelle Teemischung her und berät Sie auch in Fragen rund um den Tee.

6. Trotz mancherlei Dienstleistungen rund um den Tee hebt sich ein Teefachgeschäft klar von einem nichtspezialisierten Verkaufsladen ab.

7. Sie sollten alle angebotenen Tees probieren können und so einen Qualitätsbeweis »vor Ort« und vor dem Kauf erhalten.

Machen Sie die Probe! Schauen Sie in den Branchenteil Ihres Telefonbuchs. Unter dem Stichwort »Tee« finden Sie sicher einige Adressen von Teegeschäften. Nehmen Sie sich die Zeit, diese zu besuchen und sie nach den hier aufgeführten Themenbereichen durchzugehen. Dann merken Sie bald, wo Sie es mit einem Teeladen zu tun haben und wo mit einem empfehlenswerten Teefachgeschäft.

Wie man Tee aufbewahrt

Tee ist eines der empfindlichsten Genußmittel. Er verliert vom Moment seiner Fertigstellung im Ursprungsland ständig an Aroma. Er gibt es an die ihn umgebende Luft ab. Dabei leidet Tee still vor sich hin, wird immer weniger, bis er nur noch das Wasser färbt und damit an einen richtigen frischen Tee »erinnert«.

Luftdicht und fern fremder Gerüche

Zur klassischen Teekultur gehören die Blechdose oder noch besser Dosen und Urnen aus feinstem Porzellan, in edlen Formen und reich verziert. Besonders die letzteren sind sicher ein prächtiger Zimmerschmuck, und Sie sollten nicht auf sie verzichten. Aber Vorsicht! Keinen Tee darin aufbewahren. Denn der Tee kommt in ihnen mit Luft in Berührung und wieder mit

Luft, wenn sie die Dose aufmachen, um ihr Tee zu entnehmen . . .

Hinzu kommt, daß der Tee nicht nur Aroma abgibt, sondern auch fremde Aromen aufnimmt. Das tut er gern, weshalb die Herstellung aromatisierter Tees so einfach und beliebt ist. Kaum machen Sie in Ihrer Küche die Teedose auf, kommt der Tee mit den Küchengerüchen in Berührung, die sich des Leerraums der Dose bemächtigen, dem appetitanregenden Duft des Bratens, dem penetranten Geruch des Fischs, Gewürzgerüchen . . . Für sich oft verführerische Düfte, nicht aber für den Tee, der das alles aufnimmt, während er sein eigenes Aroma verströmt. Dazu kommt Luftfeuchtigkeit, gegen die er ebenso allergisch ist wie gegen Licht. Auch wenn Sie die Dose schließen und glauben, Ihren Tee nun optimal geschützt zu haben – er »verströmt« sein Aroma in den Leerraum der Dose.

Tees mit feinem Aroma sind besonders empfindlich gegen Fremdgerüche. So mag der blumige Darjeeling schon nicht zusammen mit seinem stark duftenden Landsmann Assam gelagert sein, ohne Schaden zu nehmen. Geht das über einen längeren Zeitraum, dann werden Sie Ihren Tee kaum wiedererkennen.

Ohne weiteres werden Sie sich nun vorstellen können, was es für den Tee bedeutet, in einem

Teeladen in großen Blechdosen zu lagern, die während des Verkaufstages immer wieder geöffnet werden, weil ein kleines Quantum Tee entnommen werden soll oder weil ein Kunde den Geruch prüfen will. Jedesmal verströmt köstliches Aroma, und jedesmal wird der oft von fremden Gerüchen geschwängerten Außenluft Zutritt gewährt.

Die geeignete Verpackung

Um das zu vermeiden, wird eine Verpackung benötigt, die nur Tee und nahezu keine Luft, also keine Leerräume enthält. Sie muß flexibel sein und sich der jeweils noch unverbrauchten Menge anpassen.

Um es vorweg zu sagen: Jede Tüte und jeder Beutel, durch die man den Tee riechen kann, ganz gleich, aus welchem Material und aus wieviel Lagen sie bestehen, sind ungeeignet. Das sind alle Verpackungen, bei denen gespart wurde. Man riecht es sofort. Am besten bewährt hat sich ein Schlauchbeutel, genußmittelgerecht aus einem Materialverbund von Kunststoff-Aluminium-Kunststoff (Bild Seite 29). Wird ein so absolut luftdichter Schlauchbeutel erstmalig vom Käufer geöffnet, dann dringt natürlich auch hier sofort Außenluft in das Innere vor.

Ist aber die gewünschte Verbrauchsmenge entnommen, dann läßt sich der Verbundbeutel so zusammenrollen, daß er wie eine Haut um die Restmenge des Tees liegt (Zahnpastatuben-Effekt). Leerräume sind nahezu ausgeschlossen. Licht, Luft und Feuchtigkeit können nicht eindringen. Wenn nun solch ein zusammengerollter Schlauchbeutel noch durch eine Wäscheklammer oder eine größere Büroklammer gegen ungewolltes Wiederaufrollen gesichert wird, ist er der ideale Aufbewahrungsort für Ihre Teevorräte.

Eine absolut luftdichte Verpackung hält Ihren Tee in ungeöffnetem Zustand mindestens sechs Monate frisch. Bei angebrochener Verpackung sollten Sie den Tee auch aus dem Schlauchbeutel innerhalb von zehn Wochen verbrauchen. Diese entscheidende und echte Frischhaltefunktion wurde vom Fraunhofer-Institut für Lebensmittel- und Verpackungstechnik, München, in einem Langzeittest 1992 untersucht, das Ergebnis ist eindeutig und liegt dem Autor vor.

Sie sollten immer auf eine Verpackung achten, die wie der beschriebene Schlauchbeutel nur durch Aufreißen oder Aufschneiden – d. h. zerstörend – geöffnet werden kann. Nur das garantiert Unberührtheit, richtiges Nettogewicht und Frische. Nur das kann Qualität garantieren.

Machen Sie die Probe! Um die Sensibilität des

Genußmittels zu erleben, empfehle ich Ihnen ein Experiment: Stecken Sie ein Stückchen Vollmilch-Schokolade in eine Packung Kaffee und ein gleiches in eine Teepackung. Nach 14 Tagen nehmen Sie die Schokolade heraus und probieren sie. Die im Kaffee gelagerte Schokolade hat dessen Aroma angenommen, es ist Mokka-Schokolade geworden. Die im Tee gelagerte hingegen hat ihren Geschmack nicht verändert. Haben Sie für Ihr Experiment einen feinen Darjeeling verwendet, dann werden Sie feststellen, daß der Tee ein feines Kakao-Aroma angenommen hat.

Verbrauchsgerecht einkaufen

Die kluge Hausfrau schaut nach der preisgünstigen Großpackung. Das mag beim Waschmittel Vorteile haben, nicht aber beim Tee.

Es zahlt sich nicht aus, wenn Sie für eine Menge von vielleicht 500 Gramm einer bestimmten Sorte einen Preisvorteil von 10, 15 oder gar 20 % herausschlagen, wenn der Tee aber nach dem Verbrauch der Hälfte dieser Menge im Aroma nachläßt und Ihnen keinen rechten Genuß mehr bereitet. Der erhoffte Vorteil hat sich dann in das Gegenteil verkehrt.

Untersuchungen haben ergeben, daß Mengen

von 40 bis 125 Gramm – je nach Sorte – am ehesten dem Verbrauchsverhalten des Normalhaushalts entsprechen.

Bei starken Teetrinkern mögen die Verbrauchsmengen größer sein. Bedenken Sie aber dabei, daß Sie als Teegenießer stets mehrere Sorten Tee in Vorrat halten sollten, um für jede Gelegenheit die geeignete Sorte zur Hand zu haben. (vgl. S. 120 »Welcher Tee wann und wozu?«). Kaufen Sie lieber öfter eine kleine Menge, als das Risiko einzugehen, verdorbene Tees wegwerfen zu müssen.

Von den Wohltaten des Tees

Eine Tasse Tee am Morgen regt den Geist an
und erfrischt die Gedanken,
eine Tasse Tee nach dem Essen vertreibt
den Mundgeruch ebenso wie die Sorgen,
eine Tasse Tee bei der Arbeit läßt die Hast
vergessen, gibt Ruhe und Überlegenheit,
eine Tasse Tee am Abend verscheucht
die Müdigkeit und gibt dir Kraft zurück,
Tee erhält dich gesund und verlängert dein
Leben, ersetzt den Arzt und schenkt dir
Lebensfreude.

Chinesische Weisheit

Das Teefachgeschäft, wie Sie es vorfinden sollten: Geschlossene Packungen in dem Verbrauch angepaßten Größen; eine übersichtliche Ordnung des umfangreichen Angebots; Informationsmaterial. Schließlich einen Tearoom, in dem Sie alle zum Kauf angebotenen Tees und auch Ihre eigenen Ideen einer Mischung unter normalen Bedingungen degustieren können.

Meiden Sie Teedosen im Fachgeschäft und zu Hause. Tee gibt Aroma an die ihn umgebene Luft ab und nimmt Gerüche von ihr auf – jedesmal, wenn eine soche Dose geöffnet wird, wenn jemand ein Viertelpfund kaufen oder auch nur einmal schnuppern will. Soll die Qualität erhalten werden, so muß Tee unter Luftabschluß gelagert werden. Schlauchbeutel sind hier optimal.

Optimale Schlauchbeuteleinheit mit 125 g Blatt-Teemischung, original verschlossen, daneben gleiche Einheit im Anbruch, Leerraum eingerollt und durch eine Wäscheklammer gesichert.

Diese Hutschenreutherkanne, Erfinder ist der Autor, vereint genial die Zieh- und die Teekanne. Der Tee kann sich ideal in der oberen Kanne entfalten, seinen ganzen Charakter zeigen und wird nach drei Minuten durch das in die Tülle eingearbeitete Porzellansieb in die untere Kanne abgesiebt. Zwei bis drei Tassen Tee, die Menge für einen Sologenießer.

Die Zubereitung von Tee

Selbst der beste Tee kann durch unsachgemäße Zubereitung ruiniert werden. In der Gastronomie scheint es dafür einen Wettbewerb zu geben.

Schon der chinesische Dichter Li Chih-lai (Sung-Dynastie, 900–1300) stellte fest, daß es in der Welt drei höchst bedauernswerte Dinge gäbe: das Verderben bester Jugend durch falsche Erziehung, die Entwürdigung guter Gemälde durch pöbelhaftes Begaffen und die Vergeudung guten Tees durch unsachgemäße Behandlung. Dazu muß angemerkt werden, daß der Tee, den Li Chih-lai sich zubereiten ließ oder gar selbst zubereitete, Ihnen nicht zugesagt hätte. Wir haben unsere eigenen, auf unseren Geschmack abgestimmten Rezepte. Das Problem aber ist das gleiche. Nur durch sorgsame Zubereitung wird aus erlesenem Tee ein optimales Getränk.

Guten Tee richtig dosieren

Das Getränk kann nicht besser sein als die Grundstoffe, die Sie zu seiner Zubereitung verwenden. Beherzigen Sie das beim Tee-Einkauf. Und achten Sie dann darauf, daß Sie den Tee richtig dosieren. Nicht mit dem Teelöffel, der kann uns auch nicht weiterhelfen, denn die gesuchte Maßeinheit ist das Gewicht und nicht das beim Tee je nach der Sorte recht unterschiedliche Volumen (vgl. Seite 108). Nur wenn Sie eine Teesorte gut kennen und wissen, wieviel eine Tassenportion von 2,75 g auf dem Löffel ist, dürfen Sie mit dem Teelöffel portionieren.

2,75 g Tee brauchen Sie für die 150 ml fassende Tasse. Das ist die richtige Menge für Blatt-Tee, der Broken (Blattstückchen) ist etwas ergiebiger, davon sollten Sie 10 bis 15 % weniger nehmen. Lassen Sie sich auch nicht davon beirren, wenn beim Aufguß der Tee besonders dunkel oder durchsichtig-hell in der Glaskanne steht. Seine Färbung ist unabhängig vom Aroma und sagt nichts darüber aus, ob Sie richtig dosiert haben.

Am einfachsten dosieren Sie mit einer Teewaage, die Ihr Teefachgeschäft anbietet (Bild Seite 59). Die 2,75 g, die Sie auswiegen müssen, sind historisch belegt durch das alte englische

Six-Pence-Stück, das jeder Teeanbauer stets in der Tasche hatte, um auf der Pendelwaage seinen Tee zu wiegen. Beim Aufguß größerer Mengen können Sie übrigens etwas sparsamer sein. Für sechs Tassen Tee kommen Sie mit der viereinhalb- bis fünffachen Menge aus, die Sie für eine Tasse benötigen. Sie sollten einmal ausmessen, wieviel Flüssigkeit Ihre Teekannen fassen.

Das Teegeschirr

Wenn Sie nur eine Tasse Tee zubereiten wollen, empfehle ich Ihnen das Masterset, wie es international von hauptberuflichen Teeschmeckern verwendet wird (Bild Seite 91). Sie erhalten es in Ihrem Teefachgeschäft (oder zumindest dort einen Hinweis auf eine Einkaufsmöglichkeit).

Für die Zubereitung größerer Mengen stellen Sie zwei Kannen aus hitzebeständigem Glas bereit. Ich bevorzuge Glas, weil ich mit einem Blick die Sauberkeit der Kanne ebenso wie die Färbung des Tees prüfen kann. Eine Alternative für den geschmackvoll gedeckten Teetisch wäre eine Kanne aus feinem Porzellan. Andere Möglichkeiten gibt es für mich nicht. Die Kannen sind nach jedem Gebrauch mit Reinigungsmittel oder in der Geschirrspülmaschine zu säubern. Es ist ein Ammenmärchen, daß Tee aus einer unsauberen Kanne, von Patina überkrustet, besser schmeckt als aus einer sauberen (vgl. Seite 10).

Frisches Wasser ist Bedingung

Kochen Sie morgens Ihre erste Tasse Tee, so lassen Sie erst etwa fünf Liter Wasser aus der Leitung laufen. Das hat in der Nacht vor dem Hahn gestanden und ist nicht »frisch«, also nicht zur Zubereitung von Tee geeignet.

Schon in den ältesten chinesischen Teerezepten unterscheidet man zwischen frischem Quellwasser und solchem aus einem Bach. Die englische Königin läßt sich ein bestimmtes Quellwasser auf ihren Reisen per Jet nachfliegen. Steht aber Wasser, ganz gleich woher es kommt, längere Zeit in der Leitung oder in einem Behälter, dann haben Sie dieselbe unbefriedigende Qualität, als wenn Sie am Morgen den Wasserhahn aufdrehen und den ersten Liter zum Teekochen verwenden. Altbundeskanzler Adenauer pflegte auf der Heimfahrt von Bonn nach Rhöndorf an einer Talsperre halten zu lassen. Dort schöpfte der Fahrer Wasser, das später in Rhöndorf sofort zur Teezubereitung verwendet wurde. Adenauer soll übrigens ein begeisterter Freund der »Ostfriesischen Mischung« gewesen sein.

Unter »Teekennern« wird viel über den Kalkgehalt des Wassers gesprochen, über »hartes« Wasser mit hohen Härtegraden, das sich nicht zur Teezubereitung eigne. Man empfiehlt, das Wasser zu filtern oder gar eine Entkalkungsanlage in die häusliche Wasserversorgung einzubauen. Im Zweifelsfall wenden Sie sich an das Wasserversorgungsunternehmen mit der Bitte um Rat. Man ist dort bestens präpariert und wird Ihnen gute Auskunft über die Wasserqualität geben.

Ich enthärte mein Wasser nicht und bin der Meinung, daß der Hinweis auf kalkhaltiges Wasser meist als Entschuldigung für einen schlechten Tee dienen muß, an dessen Mißlingen ganz andere Dinge schuld sind. Das Berliner Wasser, mit dem ich täglich Tee zubereite, hat einen Härtegrad von 23, den ich für nahezu ideal halte. Vielleicht ist es nicht geeignet für Tauchsieder, Waschmaschinen und Geschirrspüler; die Zubereitung von Teewasser sollte für Sie jedenfalls kein Grund sein, Wasser zu filtern oder gar Entkalkungsanlagen fest einzubauen. Das ändert an der Qualität Ihres Tees nichts, zumal der größte Teil des im Wasser enthaltenen Kalks beim Kochen ausgefällt wird und sich als Kalkstein im Kessel wiederfindet – nicht im Tee. Es gibt allerdings Ausnahmen, die jedoch mit Kalk nichts zu tun haben. Dies ist immer dann der Fall, wenn Wasser nicht frei von Geschmack und Geruch aus der Leitung kommt, was in Fremdstoffen wie Chlor oder Schwefelwasserstoff seine Ursache hat. In diesem Fall empfehle ich die Verwendung eines Filters, und zwar eines Aktiv-Kohlefilters.

Um das Kapitel Wasser abzuschließen: Mineralwasser mit Kohlensäure eignet sich nicht zur Teezubereitung. Mineralwasser ohne Kohlensäure ist mit Vorsicht zu genießen. Ich habe viele Marken erprobt und nur wenig Brauchbares gefunden.

Teeblätter müssen frei schwimmen

Haben Sie Ihre Kannen mit einem Reinigungsmittel bearbeitet, dann müssen Sie diese jetzt mit heißem Wasser ausspülen und eventuell hängengeblieben Reste von Chemikalien entfernen. Das hat nichts damit zu tun, daß man Teeblätter oder Tee nur in eine angewärmte Kanne geben sollte. Eine solche Vorschrift ist Unsinn und ist auf ein Mißverständnis zurückzuführen (vgl. Seite 10).

Geben Sie den dosierten Tee in eine der beiden bereitgestellten Kannen. Falls Sie ein Tee-Ei im Haus haben oder einen jener ominösen Löffel, in die man eine Portion Teeblätter einklemmen kann, so werfen Sie diese ohne Zögern weg. Sie sind einzig und allein dazu geeignet, schlechten Tee zuzubereiten, denn Teeblätter wollen frei im Wasser schwimmen und dynamisch durch dessen thermischen Wirbel vom feinsten und teuersten Aroma befreit werden.

Wenn nun das Wasser sprudelnd kocht, ist es Zeit, es sofort über die Teeblätter zu gießen. Von Ratschlägen, bei bestimmten Teesorten kein kochendes, sondern ein nach dem Aufkochen auf 90 oder 80 Grad Celsius abgekühltes Wasser zu verwenden, halte ich nichts. Eine solche Temperatur bekommt es sowieso, sobald das Wasser in die Kanne gegossen wird. Viel wichtiger ist es, daß sie das Wasser über die Teeblätter gießen, sobald es zu sprudeln beginnt. Es kocht sich sonst »tot«.

Drei Minuten oder fünf . . .

In meinem Teerestaurant lasse ich jeden Tee drei Minuten ziehen. Er wirkt dann erfrischend, was gerade richtig für die Gäste ist, die etwas erschöpft von einem Einkaufsbummel auf dem Kurfürstendamm bei mir Zuflucht suchen. Lassen

Sie den Tee fünf Minuten ziehen, dann enthält er neben dem anregenden Coffein auch Tannin (Gerbstoff), das Magen und Darm beruhigt. Lassen Sie den Tee aber in keinem Fall länger als fünf Minuten ziehen*. Nach dieser Zeit gießen Sie den Tee in eine zweite Kanne. Meine Glaskannen haben einen so engen Ausgußschlitz zwischen Kanne und Deckel, daß die Teeblätter ohne weitere Vorrichtungen zurückgehalten werden. Bei anderen Kannen ist ein feines Sieb zu empfehlen. Lassen Sie sich wegen der Blattbeseitigung beim Zwei-Kannen-Prinzip keine grauen Haare wachsen. Es ist leichter, als Sie denken. Klopfen Sie die Blätter in der ausgegossenen Kanne durch ein leichtes Schlagen mit der Hand locker, und kippen Sie die nun losen Blätter in den Müll. Die noch in der Kanne klebenden Reste spülen Sie in das Spülbecken.

* Todsicher vergessen Sie Ihren Tee, wenn es an der Haustür klingelt oder das Telefon läutet. Benutzen Sie deshalb einen Teatimer oder einen der kleinen Kurzzeitwecker, die man in der Tasche oder sonstwo mit sich herumtragen kann.

Kein Stövchen, bitte!

Haben Sie meinen Rat, die Teekanne nicht vorzuwärmen, beherzigt, dann können Sie bald mit dem Teegenuß beginnen, denn er hat schnell Trinktemperatur erreicht. Stellen Sie nun die Kanne jedoch unter keinen Umständen auf ein Stövchen! Verbannen Sie dieses Gerät vom Teetisch, selbst wenn es noch so dekorativ wirkt. Wir können es nämlich gar nicht brauchen.

Tee hält nach meinen Erfahrungen etwa 40 Minuten die Trinktemperatur, wenn wir ihn einfach in der Kanne stehen lassen und auf jede Manipulation verzichten. Wird die Kanne auf ein Stövchen oder auf eine andere Hitzequelle gestellt, so wird der Tee innerhalb von 20 Minuten gründlich zerstört. Sie können das sehen, denn er wird trübe und dunkelt nach. Er gibt seinen Aroma-Geist auf.

Auch ohne Stövchen haben Sie 30 bis 40 Minuten Zeit, Ihren Tee frisch und warm zu genießen. Danach ist er nicht nur kalt, sondern auch alt. Man wird also lieber öfter frischen Tee zubereiten, nicht zuletzt, um dabei die Sorte zu wechseln und dem Gast eine erweiterte Skala von Genüssen zu bieten.

Stellen Sie probeweise eine Kanne Tee eine halbe Stunde lang aufs Stövchen und bereiten Sie inzwischen dieselbe Sorte frisch. Sie werden ermessen können, was Sie mit dem Stövchen dem Tee antun. Ganz ähnliche Erfahrungen können Sie mit der sonst so praktischen Warmhalte- oder Thermoskanne machen. Sie sind als »Lebensverlängerer« für den Tee denkbar ungeeignet, denn im geschlossenen Raum »erstickt« der Tee bald und altert.

Sicher haben Sie Ihren Tee bisher nicht so zubereitet, wie es hier beschrieben ist. Ich bin kein Missionar mit meiner »TEE-O-LOGIE«, ich will nur Informant sein. Deshalb lautet mein Vorschlag, daß Sie denselben Tee zur gleichen Zeit nach Ihrer bisher geübten Methode und nach der von mir geschilderten zubereiten oder noch besser zubereiten lassen. Zwei Tassen Tee also mit derselben Temperatur und in der gleichen Tasse. Prüfen Sie Farbe und Duft des Tees und dann den Geschmack. Bringt die hier empfohlene Methode nicht deutlich bessere Ergebnisse, dann bleiben Sie beim Bewährten.

Darf man Tee filtern? oder: Was nicht auf den Teetisch gehört

Ihr Tee-Ei haben Sie bereits fortgeworfen. Nun liegt da noch ein Teefilter. Er ist Ihnen empfohlen worden mit dem Argument, das Wasser könne ungehindert durch den Filter aus Baumwollstoff oder Nylon streichen, so daß die Teeblätter frei im Wasser schwimmen können.

Das ist nicht so. Also weg damit!

Warum? Bevor ich dies beantworte, muß ich Ihnen die Frage stellen, ob Sie die durch Tee bereits dunkelbraun verfärbte Baumwolle so appetitlich finden, daß Sie nicht darauf verzichten wollen. Ohne Zweifel gibt ein in der Teekanne hängender Filter den Teeblättern mehr Bewegungsfreiheit als ein Tee-Ei. Dennoch behindert er, unabhängig von der Weite des Filters, den langsamen, aber stetigen Wasseraustauch von den kühleren Wänden der Kanne zur heißeren Mitte, wodurch die Blätter intensiv vom Wasser umspült werden. Heben und senken Sie den Fil-

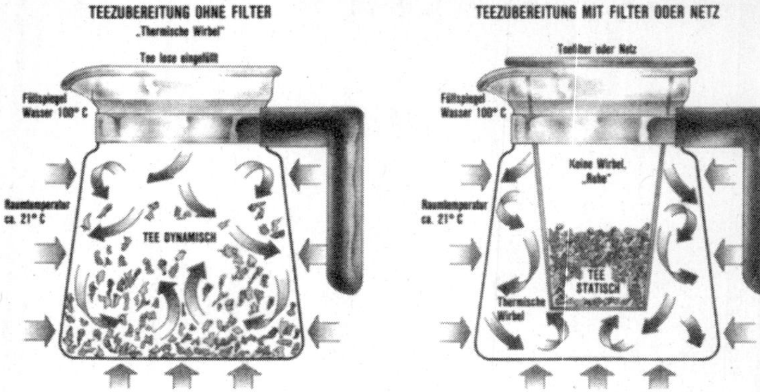

Teezubereitung mit und ohne Filter. Die Abbildung rechts macht deutlich, wie der Wasseraustausch durch ein Teenetz bzw. Filter behindert wird.

ter in der Kanne oder rütteln Sie ihn, um diese Bewegung zu simulieren, dann erreichen Sie damit, daß neben den Aromen, die im Tee aktiviert werden sollen, auch andere Geschmacksstoffe, die bei unserer natürlichen Methode gottlob in den Blättern verbleiben, nun gewaltsam herausgeschüttelt werden und die Qualität Ihres Tees mindern, indem sie das feine und teure Aroma erdrücken.

Filterpapier kommt teuer

Sicher sind Ihnen auch schon Papierfiltertüten angeboten worden. Damit meine ich nicht solche, die in die Teekanne gehängt werden wie die eben beschriebenen Baumwollfilter. Diese disqualifizieren sich selbst, weil der Wasseraustausch viel geringer ist als bei Filtern aus Baumwolle oder Nylon.

Ich kritisiere hier die Filter, die nach demselben Prinzip arbeiten wie die Kaffeefilter und als Aromatöter gelten. Tatsächlich ist es so, daß Sie für solche Filter »filtergeeignete« Kaffeesorten haben müssen. Das wissen die meisten nicht, weil der Kaffeefilter sich durchgesetzt hat, weil jedermann filtert und weil bis auf wenige Ausnahmen alle Kaffeesorten »filtergeeignet sind«. Beim Tee ist es jedoch nicht so. Ich will mein Bestes tun, es für die Zukunft zu verhindern, und erzähle Ihnen deshalb, wie es dem Kaffee erging:

Niemand wird bestreiten, daß es einfach und bequem ist, unter Verwendung einer Papierfiltertüte »Kaffee zu kochen«. Das Wichtigste: Der Kaffeesatz bleibt »außen vor«. So war es auch kein Wunder, daß es cleveren Marketingstrategen mit viel Geld gelang, die Masse der Kaffeetrinker von den Vorteilen der Papierfiltertüte zu überzeugen. Doch solch ein Filter hält nicht nur den Kaffeesatz zurück, sondern auch einen erheblichen Teil der Aromastoffe. Filterkaffee benötigt höheren Materialeinsatz, um gleiche Stärke zu erzielen. Herkömmliche Kaffeemischungen wirkten dünn und ausdruckslos; deshalb mußte der »filtergeeignete Kaffee« entwickelt werden, mit dem Ergebnis, daß die Zwischentöne, die feinen Aromen, die uns das Teetrinken zum Erlebnis werden lassen, im Kaffee nicht mehr schmeckbar sind. Der Filter ist der Grabstein des Coffea arabica als Genußmittel.

Bewahren wir also den Tee vor diesem Schicksal! Wir haben festgestellt, daß beim Filtern von Tee bis zu 30 % der Geschmacksstoffe verlorengehen. Filterpapier kommt deshalb teuer; teurer, als es auf dem Preisetikett steht.

Teemaschinen

Was hier über Papierfilter gesagt wurde, gilt natürlich auch für die mit solchem Material arbeitenden Kaffee- und Teemaschinen. Teemaschinen sind hierzulande noch selten, doch mag der eine oder andere mit ihrer Anschaffung liebäugeln, weil sie die einzige Möglichkeit darstellen, mit Wecker und Radio auch ohne einen dienstbaren Geist zum »Early Morning Tea« zu kommen, zu einer ermunternd-erfrischenden Tasse Tee im Bett.

Ganz abgesehen davon, daß diese Tee-Automaten teuer sind (und man statt dessen sicherlich viele Päckchen besten Tees bekommt, der höheren Genuß verspricht), hätte ich da nur einen Rat: Man verwöhne sich am Sonntagmorgen gegenseitig, reihum, dann ist der Genuß doppelt groß.

Machen Sie, ehe Sie Ihre Teefilter – gleich welcher Konstruktion und Marke – samt und sonders fortwerfen, eine Probe: Bereiten Sie Tee parallel, und zwar die gleiche Sorte und die gleiche Menge, nach dem auf Seite 33 beschriebenen Zwei-Kannen-Prinzip und nach einer Ihnen rationeller erscheinenden Methode mit einem Filter. Ich bin sicher, daß Sie das Ergebnis überzeugt.

Tee verfeinern

Die ältesten uns überlieferten chinesischen Teerezepte empfehlen die Zugabe einer Prise Salz. Ob es sich nun um Gewürze wie Ingwer oder Orangenschalen handelt, um Zwiebeln oder Reis, die man in China zeitweise in den Tee gab, um geschmolzene Butter nach Art der Nomaden oder um Zucker und Sahne nach ostfriesischer Art – immer war man bestrebt, den Tee zu verfeinern.

Wir sollten hier auch niemandem hineinreden, solange er das so entstehende Getränk selbst zu sich nimmt und wir nicht gezwungen sind, es ihm gleichzutun.

Süß durch Zucker

Ich serviere Tee mit grobem Kandis. Ein großes Stück reicht für drei Tassen, man kann also zweimal nachgießen. Im Gegensatz zu Rohrzucker löst sich der Kandis (je größer das Stück, desto kleiner im Verhältnis dazu die Oberfläche) nur langsam auf.

Zucker, beigefügt in der richtigen Menge, hebt das natürliche Aroma des Tees deutlich an, bringt es zur Geltung. Sie können das ganz einfach mit je einer Tasse ungesüßtem und leicht gesüßtem Tee ausprobieren. Zucker fördert darüber hinaus die schnelle Wirkung der im Tee enthaltenen Stoffe, so daß Tee mit Zucker schneller seine belebende Wirkung entfaltet als solcher ohne Zucker.

Für alle naturbelassenen Tees kommt nur weißer Kandis (Kluntje) in Frage. Der braune ist bekanntlich mit gebranntem Zucker (Karamel) gefärbt und damit auch nicht mehr geschmacklich neutral.

Alle aromatisierten Tees – bis auf wenige mit natürlichen zarten Aromen (vgl. Seite 63) – bevorzugen die Süße karibischen Rohrzuckers.

Doch Vorsicht mit Zucker! Zuviel davon überlagert die feinen Aromen und läßt den Verdacht aufkommen, daß etwas verborgen und überdeckt werden soll.

Eine Unsitte ist es, Zitrone zum Tee zu reichen und dadurch höfliche Menschen in Versuchung zu führen. Der heiße Tee und die Säure der Frucht ergänzen sich nicht, wie man es von einem Zusatz mit Fug und Recht erwarten darf, sondern sie stören einander und beeinflussen damit die Harmonie des Getränks.

Dagegen trinke ich hin und wieder gern etwas Sahne im Tee, aber stets von der besten und wirklich nur sehr wenig, denn sonst wird der Tee durch die Zugabe kalt und tranig.

Tee mit Schuß

Genau wie die Sahne lieben die Ostfriesen auch Stärkeres im Tee. Da wäre Rum zu empfehlen, hochkarätiger, hochprozentiger, fein würziger Jamaica-Rum. Aber nur ein paar Tropfen, damit der Tee noch als Tee wahrgenommen wird.

Ganz allgemein ist zu allen Zusätzen zum Tee zu sagen, daß sie das Teearoma ergänzen und abrunden sollen. An erster Stelle steht immer der Teegenuß, der durch die Zusätze erhöht, aber nicht ersetzt werden soll. Deshalb handelt es sich bei den Zusätzen auch durchweg um winzige Mengen. Der Tee sollte kräftig sein. Ein blumiger

Darjeeling zum Beispiel würde durch die Zugabe von Rum sterben.

Puristen trinken Tee »ohne alles« und lehnen jeden Zusatz ab. Ich meine, daß sie sich damit manche Gaumenfreude selbst vorenthalten. Auch ihre Berufung auf China, der Heimat des Tees und des Teegenusses, wo man »Grüntee ohne« bevorzuge, gilt nur halb.

Tee genießen oder: Tee trinken bedeutet die Seele baden

Tee aus Pappbechern wird Ihnen keinen optimalen Genuß bringen*. Wir brauchen aber gar nicht so weit zu gehen. Zum Teegenuß gehört (wie zu jedem anderen Genuß) die entsprechende Umgebung. Sollte Ihnen Ihr Tee also trotz Wahl einer guten Sorte und trotz Zubereitung »nach allen Regeln der Kunst« nicht recht schmecken, so schauen Sie in sich hinein. Sind Sie überreizt und abgelenkt? Läßt Ihre Umgebung überhaupt einen stilvollen Teegenuß zu? Sollen Sie nicht besser für eine dem Teegenuß angemessene Stimmung sorgen? Wo das nicht möglich ist, rate ich, auf den Teegenuß lieber ganz zu verzichten und ein anderes Getränk zu konsumieren.

Tee ist das Getränk für die Pause, in der man

* Dennoch sollten Sie tatsächlich einmal ausprobieren, denselben Tee in einen Pappbecher, eine Porzellantasse und in ein Teeglas zu füllen und daraus zu trinken. Danach wissen Sie, was feines Porzellan wert ist.

die Sorgen des Alltags abwirft und neue Kraft schöpft. Die Teepause ist wie eine Insel der Besinnlichkeit inmitten des hektischen Alltags. Diese Teepause, die sich über mehrere Stunden erstrecken kann, braucht ein entsprechendes Ambiente. Man kann sie allein genießen, zu zweit oder ganz allgemein im Kreis von sympathischen und aufgeschlossenen Menschen.

Tee mit Freunden

So wie geteiltes Leid halbes Leid ist, ist gemeinsamer Genuß doppelter Genuß. Trinken Sie deshalb, wo es nur immer einzurichten ist, Ihren Tee mit Freunden.

Dazu ist es doppelt wichtig, das richtige Umfeld und mit dessen Hilfe die richtige Stimmung herzustellen. Sie sollten, um zu sehen, wie wichtig dieses Umfeld ist, einmal über die japanische Teezeremonie* nachlesen. Nicht um fernöstliche Teekultur zu kopieren, sondern um aus der Beschäftigung mit ihr unsere eigene, unserem Lebensstil entsprechende Form zu entwickeln.

Zunächst zum Umfeld, zum Raum, zum Tisch

* Kakuzo Okakura, Das Buch vom Tee, Insel-Taschenbuch 412, ist hier zu empfehlen.

und zu den Sitzgelegenheiten. All dies können wir uns in den meisten Fällen nicht aussuchen, es sei denn, daß wir eine Wohnung neu einrichten oder ein Haus bauen. Für die Teestunde brauchen Sie eine Insel der Ruhe, auf der man ungestört über seine Zeit verfügen kann. In meinem Teegeschäft ergab sich die Möglichkeit, das Teerestaurant räumlich vom Verkauf zu trennen und in das Obergeschoß zu legen. Hier kann man durch große Fenster das Treiben auf dem Kurfürstendamm beobachten, während man sich bei einer Tasse Tee von der Hast und Hetze draußen erholt.

Nun müssen wir daran denken, was auf den Tisch kommt: Feines Porzellan, das abgestimmt ist auf den Kreis, den Zweck und die Tageszeit. Hier gebe ich meine Empfehlung auf, zwei Glaskannen zu benutzen. Der von den Blättern abgegossene Tee soll in einer Porzellankanne auf den Tisch kommen. Dazu eine passende Tischdecke, eine Porzellandose mit Kluntjes und ein Löffel, sich zu bedienen (der ostfriesische Kluntjeskniepер ist überflüssig), angemessene Tischdekoration, wie es unser Bild auf Seite 94 zeigt – ein wohlabgestimmtes Ensemble.

Was Sie zu Tee reichen sollten

Haben Sie nun alles vorbereitet, so beginnen Sie um alles in der Welt nicht mit der Teezubereitung, bevor die Gäste eingetroffen sind, denn mit dem Tee ist es wie mit gutem Essen: Besser die Gäste warten auf ihn als er auf die Gäste.

Nun stört es natürlich, wenn sich die Hausfrau (oder der Hausherr) zur Teezubereitung in die Küche zurückzieht. Überlegen Sie deshalb, ob Sie die Teezubereitung nicht an den Ort der Bewirtung (am besten auf einem Beistelltischchen am Fenster oder ein Bord in der Zimmerecke) verlegen können. Ich empfehle meinen Kunden dafür einen Teewagen (vgl. Seite 58 und 59). Sie brauchen dann während der Teezubereitung Ihre Gäste nicht allein zu lassen, und vielleicht macht es denen sogar Spaß, Ihnen bei Ihren Hantierungen zuzuschauen. Man könnte dabei über die richtige Art der Teezubereitung plaudern; über Teesorten, Einkaufsmöglichkeiten und Gerät zur Teezubereitung. Die Betrachtung kostbarer Utensilien ist ein wesentlicher Teil der japanischen Teezeremonie, und auch in England kennt man die höfliche Frage nach der Herkunft des Teecaddys.

Sicher wollen Sie Tee nicht ohne Gebäck servieren. Da Sie Ihren Freunden eine edle Teesorte kredenzen, von feinem, aber auch empfindlichen

Aroma, soll alles das, was Sie nun dazu reichen, zwar von köstlichem, aber zurückhaltendem Geschmack sein. Ihr Konditor kann Ihnen sicher Geeignetes aus seinem Angebot empfehlen. Selbstgebackenes zur Teestunde erscheint mir aber stilvoller und den Gästen gegenüber eine Geste besonderer Fürsorge zu sein.

Schauen wir einmal über den Kanal. Zur englischen Teestunde gehören seit jeher »Muffins«, kleine Kuchen aus Hefeteig. Hier das Rezept und noch vier andere dazu.

Muffins

15 g Hefe, 1 TL Zucker, 1 Prise Salz, 500 g Mehl, warme Milch

Die Hefe mit dem Zucker verrühren, das Mehl in eine Schüssel sieben und in die Mitte eine Vertiefung drücken. Da hinein die Hefe-Zucker-Mischung geben, etwas warme Milch darüber schütten und eine 1/2 Stunde gehen lassen.

Nun alle Zutaten zu einem Teig vermengen und so lange kneten, bis er glatt ist. Dieser Teil soll 3 Stunden an einem warmen Ort aufgehen. Dann daraus Kugeln in gewünschter Größe formen (sie müssen nach der Ausformung wiederum

»gehen«, bis sie doppelten Umfang erreicht haben). Im Backofen bei mittlerer Hitze 10 Minuten (zwischendurch umdrehen) backen.

Die Kuchen werden aufgeschnitten und heiß, mit Butter bestrichen, serviert.

Scones (Schottisches Teegebäck)

Für den Teig: 250 g Mehl, ½ TL Salz, 6 g Backpulver, 30 g Butter, ⅛ l Milch, Mehl zum Ausrollen
Etwas Milch zum Bestreichen
Dazu: 100 g Erdbeerkonfitüre, 100 g leicht gesüßte steif geschlagene Sahne

Mehl in eine Schüssel sieben, Salz und Backpulver dazugeben. In Flöckchen geteilte Butter daruntermischen, nach und nach die Milch dazugeben und zu einem glatten Teig kneten. 10 Minuten im Kühlschrank ruhen lassen.

Dann den Teig auf einer bemehlten Platte 2 cm dick ausrollen und mit einem Glas runde Stücke von etwa 5 cm Durchmesser ausstechen. Die Teigmenge ergibt 10 Stück. Auf das Backblech setzen, 5 Minuten ruhen lassen, dann mit Milch bestreichen und auf die obere Schiene im vorgeheizten Backofen stellen. Bei guter Mittelhitze 10 Minuten backen.

Die fertigen Scones schneiden Sie in jeweils zwei Hälften und geben auf jede einen Teelöffel Konfitüre und darauf einen Teelöffel Sahne. Warm servieren.

Englische Teebrötchen aus Mürbeteig

200 g Mehl, 10 g Backpulver, 1 EL Butter, saure Milch, 1 Prise Salz

Aus den Zutaten einen Mürbeteig herstellen, wobei so viel saure Milch verwendet wird, daß ein fester Teig entsteht. Nach einer halben Stunde dick ausrollen. Dreiecke schneiden, auf einem leicht bemehlten Blech bei guter Mittelhitze etwa 12 Minuten backen.

Warm mit Butter bestrichen servieren.

Englischer Teekuchen

250 g Butter, 5 Eier, 250 g Zucker, etwas Salz, abgeriebene Schale einer Zitrone, 250 g Mehl, 50 g Speisestärke, Margarine

Rechts: Teeproben verschiedener Blattgrade aus unterschiedlichen Anbaugebieten.
1. Reihe: Darjeeling FTGFOP[1], Assam TGFOP
2. Reihe: Sencha TOP, handpicked, White Tea (Knospentee)
3. Reihe: Temple of Heaven, Silver Dragon

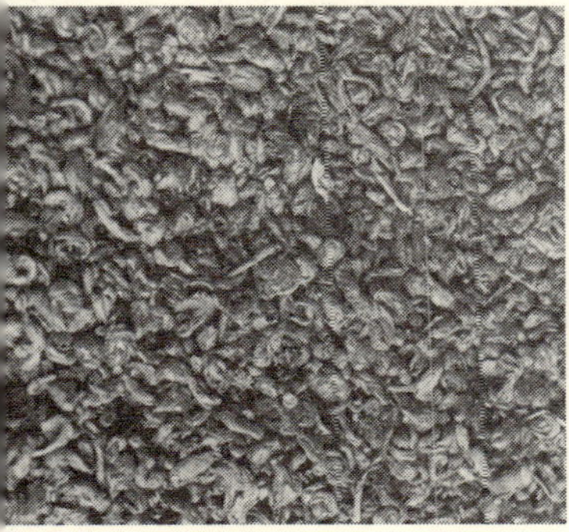
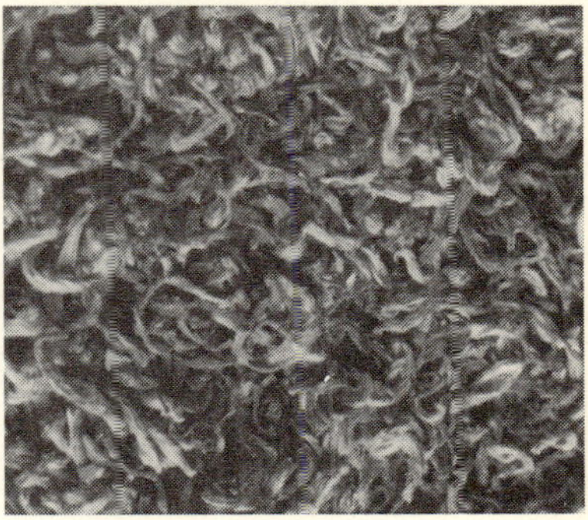

Der Teewagen fürs Büro oder für zu Hause. Das zur Teestunde Benötigte griffbereit auf zwei Ebenen.

Hier haben Sie alles zusammen, was Sie zur Zubereitung eines Tees brauchen: Den Heißwasserbereiter, zwei Kannen (hier der besseren Wirkung auf dem Teetisch halber Porzellankannen zum Servieren), Tee, Teewaage, Teatimer.

Tee in seinen geläufigsten Präsentationsformen: Frisch aus der Packung – und trinkfertig.

Für den Guß: 150 g Puderzucker, 3 EL Zitronensaft
Zum Garnieren: 50 g Zitronat

Butter schaumig schlagen, Eier und Zucker nach und nach dazurühren. Zitronenschale und Mehl (löffelweise) sowie Speisestärke unterrühren. Eine 26 cm lange Kastenform mit Margarine einfetten. Teig einfüllen, 75 Minuten bei 180 Grad backen (untere Schiene). Abgekühlten Kuchen stürzen.

Puderzucker und Zitronensaft miteinander verrühren und als Guß über den Kuchen geben. Fein gehacktes Zitronat darüberstreuen.

Burgunderkuchen

Für den Teig: 250 g Butter oder gute Margarine, 200 g Zucker, 1 Päckchen Vanillzucker, 1 EL Zimt, 3 EL Kakao, stark entölt, 1 Prise Salz, 4 Eier, 250 g Mehl Type 405, 1 Päckchen Backpulver, 2 EL Milch
Dazu: 190 g Puderzucker, 60 ml Liter Rotwein (Burgunder)

Alles mit dem Handmixer gut miteinander verrühren zu einer dicken, nicht zu festen Masse. In eine Kastenform geben und im vorgeheizten

Ofen bei 200 Grad 60 Minuten backen. Tip: Nach 30 Minuten mit Backpapier abdecken.

Im Ofen auskühlen lassen. Aus der Form stürzen und mit einem Guß aus Puderzucker und Wein überziehen.

Tee im Büro

Die Tatsache, daß niemand den ganzen Tag lang ununterbrochen arbeiten kann, hat zur Einrichtung von Pausen geführt. Neben den offiziellen, tariflichen, gibt es aber in jedem Arbeitsablauf eine ganze Anzahl versteckter Pausen und im Berufsalltag ebenso viele verständnisvolle Chefs, die einer Teatime im Büro gar nicht so ablehnend gegenüberstehen wie angenommen.

Ich empfehle dazu die Anschaffung des »Büro-Sets«, mit dem sich relativ schnell und qualitativ befriedigend Tee zubereiten läßt. Eine Investition, bei der sich der Aufwand in Grenzen hält. Zum Büro-Set gehören: Der Teewagen (Bild Seite 58), zwei hitzebeständige Glaskannen von je einem Liter Inhalt, ein Wasserkochtopf (Rowenta Expreß, weil der sich, wenn das Wasser kocht, selbsttätig abstellt), zwei gute Büromischungen Tee, ein Teatimer, Teeschalen oder Tassen und Teelöffel sowie zwei Sorten Zucker.

Aromatisierter Tee

»Ernsthafte« Teetrinker lehnen oft aromatisierte Tees ebenso wie Zusätze zum Tee ab. Für sie kommt nur »Tee pur« in Frage. Gewiß, gerade bei aromatisierten Tees gibt es manche Sumpfblüten, und ich kann eine gewisse Reserviertheit diesem Thema gegenüber verstehen, aber man soll sich hüten, das Kind mit dem Bade auszuschütten.

Klassische Tees mit natürlichen Aromen

Aromatisierte Tees sind keinesfalls Kinder der Neuzeit, es gibt sie, solange es Tee gibt. Die Chinesen sind Meister in der Herstellung mild aromatisierter Tees. Das mag darauf zurückzuführen sein, daß sie Tee ohne Milch und Zucker trinken. Auch heute ist der Verbrauch aromatisierter Tees in China hoch (in mohammedanischen Ländern wird gern Grüntee mit Minze getrunken, er ist bei Hitze doppelt erfrischend). Unter den klassischen aromatisierten Tees sind solche mit Jasmin-, Rosen- und Lotusblüten die bekanntesten, auch Rauchtee und Gewürztees mit Nelken und Ingwer.

Stammvater europäischer aromatisierter Tees: Earl Grey

Die Erfindung des Earl Grey ist einem Unfall zu verdanken. Auf der Fahrt rund um Afrika lief im Laderaum eines Schiffes Bergamotteöl (gewonnen aus der Schale einer kleinen grünen sauren Zitrusfrucht) aus und durchfeuchtete den daneben deponierten Tee, so daß dieser nach damaligen Anschauungen als verdorben anzusehen war und zwecks anderweitiger Verwendung billig abgegeben wurde. Ein findiger Kopf stellte fest, daß der Tee ein Aroma angenommen hatte, das nicht ohne Reiz ist. Er bot ihn dem zunächst skeptischen Publikum an und hatte einen solchen Erfolg, daß künftig Tee mit Bergamotteöl aromatisiert wurde. Er erhielt den Namen Earl Grey (Der graue Graf) und ist aus dem heutigen Teesortiment nicht fortzudenken.

Von Kaffeetrinkern und Teetrinkern

Der Teekonsum der Deutschen ist in den letzten Jahren gestiegen. Nicht quer durch die Gesellschaft, sondern in ganz bestimmten Gruppen; dort aber hat man sich mit oft ideologischem Eifer dem Tee ergeben. Tee ist für große Teile der jungen Generation Ausdruck einer ganz bestimmten Lebensform.

Kaffee ist für diese Generation das Getränk derer, die sich fit machen, in Hast und Hektik zu bestehen, deren Leben von Gewinnstreben geprägt ist und die das »Wirtschaftswunder« möglich machten. Mancher, der sich aus diesem Kreislauf wirtschaftlich-erfolgsorientierten Strebens lösen will und andere Ideale sucht, wendet sich, oft mit erstaunlich ausgeprägter Vorliebe für fernöstliche Weisheit, fernöstlichen Denkschemata und fernöstlichen Lebensformen zu. Es geht dieser Generation um Ruhe, Gelassenheit, Ausgeglichenheit und Glück. Das so logisch-glatte Gedankengebäude gerät ins Wanken, wenn wir die Theorie mit den tatsächlichen politischen, wirtschaftlichen und sozialen Verhältnissen im Fernen Osten heute vergleichen und zur Kenntnis nehmen, daß in England die unruhige junge Generation sich von den Teesitten ihrer Eltern abwendet und statt dessen dem Kaffee huldigt.

Aromatisierte Tees für Einsteiger

Eine Konjunktur für aromatisierte Tees ergab sich aus der Tatsache, daß die neu zum Tee stoßenden Schichten nach neuen Genüssen suchten und dabei zum Experimentieren neigten. Bewußtseinserweiterung wie in der Drogenszene war von Tee nicht zu erwarten, wohl aber eine Erweiterung der Skala der Genüsse. Dabei bringen manche der neuen Aromen eine Geschmacksintensivierung, gleichzeitig aber auch oft eine Vergröberung.

Gerade die Geruchs- und Geschmacksintensivierung hat eine besondere Bedeutung. Sie erleichtert dem Kaffeetrinker, der an stärkere Geruchs- und Geschmackserlebnisse gewöhnt ist, den Einstieg. »Tee für Einsteiger« ist fast immer eine Mischung aus aromatisierten Tees. Das ist damit zu erklären, daß der Kaffeetrinker gewöhnt ist, weitgehend mit dem Geruchssinn zu genießen, während der Teetrinker sich auf die Genüsse des Gaumens konzentriert. Aromatisierte Tees – auch »parfümierte« genannt – sind erheblich geruchsintensiver als unbehandelte.

Natürliche, naturidentische und künstliche Aromen

Von den natürlichen Aromen hörten wir bei den klassischen chinesischen aromatisierten Tees. Inzwischen gibt es noch ein breites Sortiment solcher Tees, die in Europa aromatisiert werden, zum Beispiel mit Lavendel, mit Vanille, Orangenschalen und Orangenöl, Cardamom, Anis und Zimt.

Naturidentische Aromastoffe sind der Natur »nachgebaut« und finden überall dort Anwendung, wo der natürliche Stoff zu wenig intensiv ist, zum Beispiel beim Erdbeertee.

Künstliche Aromen sind synthetisch hergestellt, oft handelt es sich um Phantasie-Aromen.

Das Teefachgeschäft läßt bei der Auswahl aromatisierter Tees besondere Sorgfalt walten, haben sich doch gerade auf diesem Gebiet üble Geschäftsmethoden eingebürgert. So wird abgelagerter, sonst unverkäuflicher Tee, der nur noch aus Zellulose und Farbstoff besteht, mit der Flitspritze besprüht und dann mit hochtönenden Namen wieder ins Geschäft gebracht.

Grundforderung an einen aromatisierten Tee ist, daß das Aroma den natürlichen Teegenuß abrundet und nicht verfälscht, indem es fehlende natürliche Geschmacksstoffe vortäuscht und

Fehler überdeckt. Der gute Tee – Ausgangspunkt des aromatisierten Erzeugnisses – soll jederzeit durchzuschmecken sein.

Um selbst beurteilen zu können, wie haltlos Pauschalurteile über aromatisierten Tee sind, empfehle ich Ihnen folgende Probe: Kaufen Sie einen extrem billigen Earl Grey im Supermarkt oder beim Kaufmann an der Ecke und einen teuren Earl Grey in einem guten Teefachgeschäft. Bereiten Sie beide Tees nicht selbst zu, sondern bitten Sie darum, daß man Ihnen diese Arbeit abnimmt, denn sonst wären Sie nicht unvoreingenommen und könnten keine »Blindprobe« vornehmen. Sie werden feststellen, daß es sich lohnt, gehobene Teequalitäten einzukaufen.

Grüntee oder grüner Tee

Ursprünglich war aller Tee Grüntee, nicht fermentierter Tee. Auch heute ist weder in China noch in Japan die Fermentation üblich. Man trinkt Grüntee »ohne alles«. In den arabischen Ländern und Indien wird Grüntee vorwiegend mit Minze versetzt genossen.

Grüner Tee hat eine noch größere Vielfalt in seinem Aromaspektrum als der schwarze Tee. Grüntee ist auch häufig so hochpreisig, daß dem Liebhaber der Atem stockt. So habe ich bei meinen derzeit ca. 30 »Grünen« einen Blatt-Tee aus Japan, Frühlingsernte, handverlesen zum Preis von DM 59,75 für 40 g. Bedingt durch die handwerklich einfühlsame Machart dieser Tees, haben wir unglaublich schöne grüne Blätter. Es ist schon eine verwirrende Pracht, den Silver Dragon (Silbernen Drachen) anzuschauen oder sich in White Tea, den Knospentee aus China, zu verlieben. Highlights der grünen Welt, extrem teure und extravagant zarte, samtige, lieblich-blumige Tees. Es war und ist für mich eine spannende Lernphase, immer neue Grüne zu entdecken und in das, was ich für mich reklamiere, hineinzugehen, einzusteigen. Teegenießer, auf nach China und/oder Japan, es gibt so magenfreundliche, zarte, blumige Blatt-Tees, daß ihre Genußwelt eine weitere Dimension erfährt. Warnung: Es wird sehr teuer, denn je interessanter das Blatt, je ausgeprägter die Aromanote, um so begehrter das Produkt. Wie oft erlebe ich dann, daß auch Geld kein Türöffner für Mengen ist, die Ernte ist verkauft, und es heißt: Bitte warten!

Den gesundheitsambitionierten Teetrinkern ins Stammbuch: Tee ist rundum gesund, ob grün oder schwarz oder dazwischen (halbfermentiert). Wenn der Eindruck vorherrscht, grüner Tee sei besonders gesund, dann ist die Quelle leicht auszumachen. Wir bekommen eine Fülle von medizinischer Forschung aus Japan, mit zum Teil sensationellen Forschungsergebnissen. Unsere japanischen Freunde forschen mit ihrem Tee, und der ist grün. Hätte ich ausreichende Mittel, würde ich die gleichen Untersuchungsreihen mit schwarzem Tee durchführen lassen, und ich bin mir nahezu sicher, wir hätten am Ende sehr ähnliche Resultate. Alle Teearten, die grünen, die halbfermentierten, die schwarzen, kommen von derselben Pflanze. Der Fermentationsprozeß verwandelt die Blätter in ihrem Aromaausdruck.

Eine weitere, recht wichtige Information für die Grüntee-Genießer. Grüner Tee wird exakt so zubereitet wie schwarzer Tee. Grüner Tee ist ein hochsensibles Produkt, aber der schwarze Bruder »leidet« unter denselben Symptomen. Ergo beachten Sie die Zubereitungsregeln, ein Fehler ist schon einer zuviel und führt direkt weg vom Genußmittel Tee und hin zum Heißgetränk.

Und noch etwas. Grüne Tees aromatisiert, was fällt Ihnen dazu ein? Ich muß es Ihnen sofort berichten. Nachdem ich meinen Frieden mit den Grünen geschlossen hatte, habe ich sofort konstruktiv mit ihnen gearbeitet. Die Mischkunst ist eine meiner Domänen. Feinste Darjeelings mit allerfeinsten Grünen, eine Möglichkeit und was für eine, wunderbar. Der nächste Schritt, die Serie Apricot + Green bis Vanilla + Green, sieben auf einen Streich, zauberhafte Aromen mit einem hochpreisigen, chinesischen Basistee. Ein Jahr Entwicklung hat dieses Projekt gefordert, und oft dachte ich: Schluß damit, aber das Resultat rechtfertigt die vielen Fehlschläge, diese Reihe ist ein Hochgenuß.

Tee auf Reisen

Teacaddies sind kleine Kisten aus Holz, oft geschmackvoll verziert und innen sorgsam mit kostbaren Stoffen ausgeschlagen; mit mehreren Abteilungen für unterschiedliche Teesorten; mit einem Gefäß zum Mischen des Tees und anderen Utensilien zur Teebereitung.

Teacaddies sind heute beliebte Sammelobjekte, früher bewahrte man darin seinen Tee auf, konnte sie, wenn es auf ein bißchen mehr Gepäck nicht ankam, mit auf die Reise nehmen und war dann weitgehend unabhängig von den Wegelagerern – Gastronomen genannt –, die heute in heißem Wasser gebadete Teebeutel für horrendes Geld verkaufen.

Immer wieder wird in Hotels und Gasthöfen Tee mit Hilfe eines nur wenige Pfennige kostenden Teebeutels (den man sich manchmal noch selbst in die Tasse praktizieren muß) für DM 3,00 oder gar DM 5,00 die Tasse verkauft.

Teetrinker sollten sich dagegen auflehnen. Natürlich können Sie sich unter Hinweis auf das Preis-/Leistungs-Verhältnis weigern, für ein so trauriges Getränk den geforderten überhöhten Preis zu zahlen. Der Wirt wird auf Zahlung bestehen, und Sie können sich, ohne in den Verdacht der Zechprellerei zu kommen, dem nur entziehen, indem Sie ein Pfand gegen Quittung hinterlegen. Nun ist es Ihre Aufgabe, die Klärung der Sache herbeizuführen (der Wirt hat ja Ihr Pfand und ist damit befriedigt, wenn nichts weiter passiert).

Da bleibt nichts anderes, als die Mühlen der Justiz in Bewegung zu setzen. Gewiß, man sollte es, um der Wegelagerei Einhalt zu gebieten. Aber es ist nun mal nicht jedermanns Sache, um den überhöhten Preis für eine Tasse Tee zu prozessieren.

In seinem Heimatort kann man auf Teegenuß außer Haus konsequent verzichten (zumal er meist kein Genuß ist). Auf Reisen ist das anders, und nun erinnern Sie sich bitte an den oben geschilderten Teacaddy – denn es gibt ihn wieder!

Ich halte für meine Kunden einen modernen, attraktiven Teacaddy, handmade vom allerfeinsten bereit. So »hochgerüstet« sind Sie als Teegenießer auf Reisen auch präpariert, die Queen zur Teatime zu bitten (Bild Seite 91). In diesem Reisekoffer finden Sie meine Doppelteekanne (Hutschenreuther), zwei Teeschalen, einen Tauchsieder, einen Teatimer, vier Sorten Spitzentee, Kandiszucker, Assam-Teacandy und das Buch »Tea«.

Bio-Tee, Öko-Tee, Tee aus kontrolliertem Anbau

Für mich ist Tee in erster Linie ein Genußmittel, das Gaumenfreuden bringen soll. Daneben ist Tee geradezu ein Gesundbrunnen. Im Kapitel »Tee und Gesundheit« lesen Sie mehr dazu.

In neuerer Zeit achtet der Verbraucher verstärkt auf die Belastung von Lebensmitteln durch Rückstände von Pflanzenschutzmitteln oder anderen Chemikalien, die bei der Herstellung eine Rolle spielen. Das ist auch beim Kauf von Tee der Fall, und so konnte es nicht ausbleiben, daß auch »Bio-Tee« angeboten wird.

In einem gut geführten Fachgeschäft werden ausschließlich Teesorten angeboten, die den deutschen Reinheitsnormen entsprechen. Ich begnüge mich, wie eine ganze Reihe meiner Kollegen, nicht nur mit der Überwachung durch die zuständigen Behörden, sondern habe meinerseits einen vereidigten Sachverständigen eingeschaltet, der die von mir eingekauften Tees überprüft.

Das allerdings muß klar sein: Einen pestizidfreien Tee, frei von allen Rückständen, kann es nicht geben, genauso wie es kein Obst und Gemüse ohne Rückstände von Pflanzenschutzmitteln gibt. Selbst im Polareis wurden Pestizide (Spuren von DDT) nachgewiesen, und wer weder diese Mittel zur Schädlingsbekämpfung verwendet noch Kunstdünger, der kann – ob Bio-Landwirt oder nicht – trotzdem nicht verhindern, daß die im Boden und in der Luft vorhandenen Belastungen von den Pflanzen aufgenommen werden.

Die Bezeichnung »Bio-Tee« besagt, daß der Tee in Teegärten erzeugt wurde, wo man heute von der Verwendung chemischer Pflanzenschutzmittel absieht. Wesentlicher als diese Zusicherung, die etwas über die Art der Produktion, nicht aber über die Schadstoffbelastung des Produkts aussagt, ist mir die Zusicherung des von mir beschäftigten Lebensmittelchemikers, daß sich bei allen meinen Teesorten die Schadstoffbelastung weit unter den vom Gesetzgeber gesteckten Grenzen hält. Bewerte ich darüber hinaus meine Tees mit Attributen wie »hochkarätig«, »aromatisch« und »frisch«, so können die als Bio-Tee angebotenen Sorten in den meisten Fällen nicht zu den besten gerechnet werden.

Tee nach Ostfriesenart

Freunde hatten in Ostfriesland ihren Urlaub verbracht. In dem auf Fremdenverkehr getrimmten Fischerdorf hatten sie eine Teestube gefunden, wo in rustikaler Atmosphäre Tee ostfriesisch zelebriert wurde: Ein starker Aufguß, über viel Kandis gegossen, in den man mit Hilfe eines eigens zu diesem Zweck existierenden Löffels fette Sahne gleiten ließ und das Ganze »dreistöckig«, d. h. nicht umgerührt, trank.

Eine Notlösung . . .

Sie waren erstaunt, als ich ihnen erklärte, daß es sich beim Tee auf Ostfriesenart um eine Notlösung handele, dem doppelten Mangel noch eine gute Seite abzugewinnen.

Zunächst einmal sind die Wasserverhältnisse in Ostfriesland katastrophal. Wahrscheinlich haben die städtischen Wasserversorgungen Emden und Aurich die Probleme heute fest im Griff und bereiten das Wasser so auf, daß es kaum noch von frischem Quellwasser zu unterscheiden ist. Damals, als die Ostfriesen den Tee liebgewannen und mit Abstand die größten Teeverbraucher Deutschlands wurden, waren sie durchweg auf Oberflächenwasser, schlechtes fauliges Brackwasser oder auf abgestandenes Wasser aus Zisternen angewiesen. Solches Wasser eignet sich nicht zur Teezubereitung. Selbst kräftiger Assam kann mit dem üblen Beigeschmack nicht fertig werden. Da mußten stärkere Geschmackskomponenten, vor allem Zucker und Sahne, her, die wiederum den Ostfriesen auch aus einem anderen Grund recht waren. Da sie viel Tee tranken und nicht mit Reichtum gesegnet waren, konnten sie sich nur billigste Teesorten leisten: Das, was die Pfeffersäcke in London und Amsterdam, in Hamburg und Bremen zurückgewiesen hatten. Um es ganz offen zu sagen: verdorbenen Tee. Das, was auf den Segelschiffen rund um Afrika transportiert wurde, in stickigen Laderäumen bei glühender Hitze, würde Ihnen heute in keinem Teefachgeschäft mehr angeboten werden. Solch ein Tee bedurfte dringend der »Verbesserung«, und es ist eine Binsenweisheit von Köchen und Hausfrauen, daß Sahne fast immer Wunder wirkt.

. . . mit herrlichem Aroma

Schließlich konnten die Ostfriesen – die immer Teedurst haben – Tee in großen Mengen zubereiten und auf dem Herd oder auf einem Stövchen warm halten. Bei dieser Art von Teegenuß, bei diesem Wasser, bei Zucker und Sahne blieb es sich nun auch gleich, ob der Tee frisch war oder ein paar Stunden vor sich hin gebrodelt hatte.

Meinen Freunden hat der Tee ostfriesisch herrlich gemundet, und ab und zu trinke ich ihn auch so, aus einer Mischung kräftigen Assam-Tees zubereitet, denn ein Darjeeling, ein Ceylon-Hochland oder ein China-Tee in dieser Art »verarbeitet«, wäre Genußmittelvernichtung.

Tee nach englischer Art

Die vielgerühmte britische Teekultur ist zur Subkultur abgedriftet. Die Vieltrinker vernachlässigen die Qualität.

Bei den »arbeitenden Ständen« des Inselreichs ging das gar nicht anders, wollte man die Kosten für die Teekasse einigermaßen im Griff behalten. Dabei wurden Teepreis und Teezoll zum Politikum wie in Bayern der Bierpreis. Steigende Teepreise lösten Unruhen aus, und letztendlich war es der Teezoll, der die britischen Kolonisten in Nordamerika in den Hafen von Boston brachte, wo sie ergrimmt Teeballen ins Meer warfen. Dort wurde die »Tea-Party« von Boston zur eigentlichen Geburtsstunde der USA.

Weltweit kaufen Engländer heutzutage die billigsten Teesorten zusammen und füllen sie in »Tea-Bags«, wie man die Teebeutel* dort nennt.

* Hier fällt mir ein, daß ich in den Kapiteln über Teezubereitung gar nicht auf den Teebeutel eingegangen bin. Sie

Allerdings haben diese »Bags« keinen Faden, wie wir es gewöhnt sind, um nach der vorgeschriebenen Ziehzeit den Beutel aus dem Tee entfernen zu können. Man läßt sie in der Tasse oder der Kanne, bis der Tee getrunken ist, und dann haben sie neben dem erwünschten Aroma all das abgegeben, was wir vom Tee fernhalten, indem wir ihn drei oder höchstens fünf Minuten ziehen lassen.

Unter diesen Umständen mußte die Teepause ihres eigentlichen Sinnes entleert werden. Sie spielt – von Genuß mag so recht niemand mehr reden – eine Rolle als sozialer Besitzstand. Ein in London lebender Österreicher – dem »großen Braunen« verpflichtet – schwor, die Teepause sei der eigentliche Grund für den Niedergang britischer Weltherrschaft.

Engländer brachten, als sie den Ärger mit ihren sich als Monopolisten aufführenden chinesischen Teelieferanten gründlich leid waren, Samen und Setzlinge des Teestrauches heimlich außer Landes und begannen in ihren verschiedenen Kolonien mit Anbauversuchen. In Indien hatten sie Er-

werden aber auch ohne dessen besondere Erwähnung gemerkt haben, daß er unseren Qualitätsvorstellungen nicht genügen kann, weil er der Grundforderung, Tee im heißen Wasser frei schwimmen zu lassen, nicht entspricht.

folg (wir verdanken ihnen damit den köstlichen Darjeeling-Tee). Etwa um dieselbe Zeit entdeckte ein englischer Kolonialoffizier in den Wäldern von Assam einen wild wachsenden Teestrauch. Ceylon folgte als Anbauland, als eine Pilzkrankheit die dortigen Kaffeekulturen zerstört hatte. Dabei war London die Drehscheibe des Welt-Teehandels und blieb es bis in unsere Zeit. In Afrika legten englische Pflanzer Teegärten an. Heute ist Kenia ein Zentrum des sich praktisch um den ganzen Globus ziehenden Streifen des Teeanbaus, allerdings verschwinden die Teesorten aus den minder renommierten Anbauländern meist in Mischungen und diese in den Tea-Bags.

Was Sie in Ihrem Teefachgeschäft als »Englische Mischung« angeboten bekommen, ist ein Abglanz vergangener bester britischer Teetradition, denn es ist längst statistisch bewiesen, daß die deutschen Teetrinker – 225 Gramm verbrauchen wir pro Kopf im Jahr gegenüber mehr als 3000 Gramm, die in englischen Teetassen landen – die teuersten Tees der Welt konsumieren.

Wenn der Samowar summt . . .

Von russischer Teekultur

Russen sind große Teetrinker. Wenn von »russischem Tee« die Rede ist, sollten Sie genau nachfragen, denn das ist ein Begriff, der in die Irre führen kann. Da gibt es zunächst die »Russische Mischung«, auch Karawanentee genannt. Dabei handelt es sich um ein Stück Geschichte, das hier kurz erzählt werden muß: Weil Tee aus Ost- und später auch aus Südasien beim monatelangen Transport über See in dumpf-stickigen Laderäumen der hölzernen Segelschiffe über alle Maßen litt, bevorzugte man für bessere Sorten den Landweg durch Mittelasien per Karawane. Dieser »Karawanentee« wurde als »russisch« bezeichnet, weil er durch Rußland nach Mitteleuropa kam. »Russische Mischung« heißt traditionsgemäß noch heute eine von Europäern nach europäischen Qualitätsmaßstäben komponierte Mischung hochwertiger ost- und südasiatischer Tees.

Etwas ganz anderes ist der in Georgien angebaute Tee, der auch als »russischer Tee« angeboten wird, obwohl die eigentlichen Teeanbaugebiete, vorwiegend Grusinien, außerhalb Rußlands, im Süden, jenseits des Kaukasus liegen. Dieser Tee genießt international keinen guten Ruf, da er als nahezu einziger Tee auf der Welt oft durch Teepflückmaschinen geerntet wird. Das wirkt sich auf die Qualität wie auf den Preis aus: Tee aus dem ehemaligen UdSSR-Imperium ist oft der billigste im Angebot. Das bedeutet aber nicht, daß nun aller Tee aus dieser Region von minderer Qualität wäre. Während die »Teepflückmaschinen« über die Reihen von Teebüschen fahren und sie von oben scheren, pflücken nach wie vor fingerfertige Frauen »selektiv« »two leaves and the bud«, wie es in China, Indien und Sri Lanka selbstverständlich ist.

Wer von russischer Teekultur spricht, kann den Samowar nicht ausklammern. Ich halte nichts von den »arbeitssparenden« elektrisch geheizten Modellen, sie sind eine Karikatur russischer Teekultur, die nur durch den mit Holzkohle beheizten Samowar vertreten werden kann. Allerdings, das muß gesagt werden, kann diese Teekultur nicht die unsere sein und kann es auch nicht werden, denn die Teezubereitung mit Hilfe eines den ganzen Abend im Kessel summenden heißen Wassers und eines Teekonzentrats kann keinen Tee guter Qualität ergeben. Allerdings waren es auch nicht die besten Sorten, die in diesem Apparat »verdorben« wurden. Man verschaffte sich den typisch russischen Teegenuß, indem man ein Stück Zucker oder etwas Konfitüre in den Mund nahm und den Tee darüber laufen ließ.

Tee und Gesundheit

Als im 17. Jahrhundert der Tee in Amsterdam erschien und bald darauf London eroberte, wurde er Gegenstand eines lange und erbittert geführten Streites. Die eine Partei pries ihn als heilkräftige Wundermedizin gegen fast alle Gebrechen, die andere verdammte ihn und prophezeite all jenen, die sich dem Laster des Teetrinkens ergäben, Siechtum und frühen Tod.

Tatsächlich war die Einführung des Tees (wie die des Kaffees) ein Segen, denn Europa drohte samt seiner Kultur im Alkohol unterzugehen. Es gab einfach nichts anderes als Bier, um den täglichen Durst zu löschen, wenn man vom Wasser einmal absah. Man braute nicht nur in fast jedem Haus, sondern begann auch den Tag mit einem kräftigen Trunk aus dem Bierkrug (oder/und einer Biersuppe) und würzte hin und wieder durch einen Schluck Branntwein. Erst durch Kaffee und Tee wurde das Abendland ernüchtert und damit zu seinem Aufstieg in die »Neuzeit« fähig.

In neuerer Zeit beginnt man wieder, sich mit den gesundheitlichen Auswirkungen des Teetrinkens zu beschäftigen, und stellt fest, daß er tatsächlich ganz allgemein gesundheitsfördernde Wirkungen hat, darüber hinaus aber auch als Heilmittel empfohlen werden kann.

Die Zusammensetzung des Tees

Würde Tee erst heute entdeckt, so würde man ihn wahrscheinlich mit dem Argument der Gesundheitsförderung einführen. Wir kennen und schätzen ihn als Genußmittel und nehmen seine gesundheitsfördernde Wirkung als einen angenehmen Nebeneffekt hin.

Tee besteht aus Mineralstoffen, Gerbstoffen, Coffein, Vitaminen und ätherischen Ölen. Sein Wohlgeschmack wird durch die ätherischen Öle und die wasserlöslichen Gerbstoffe bestimmt. Da diese durch die Fermentation zum Teil in schlechter lösliche Theaflavine und in wasserunlösliche Thearubigene umgesetzt werden, hat schwarzer Tee weniger Gerbstoffe und ist weniger herb als grüner. Dieser allerdings steht im Mittelpunkt des Interesses der Mediziner.

Tee ist ein Getränk ohne Kalorien und wird deshalb zur Begleitung von Diätkuren geschätzt. Wer in diesem Zusammenhang auf die Süßung durch Zucker verzichten und doch das Aroma voll genießen will, nimmt Süßstoff.

Muntermacher Coffein

Seitdem fest steht, daß das im Tee enthaltende Tein dem im Kaffee enthaltenen Coffein entspricht, wird auch das Tein durchweg als Coffein bezeichnet. Allerdings wirkt das im Tee enthaltene Coffein durch mancherlei andere im Getränk enthaltene Wirkstoffe langsamer und nachhaltiger als das im Kaffee enthaltene, so daß man ihm keine schädlichen Wirkungen nachsagen kann. Rund gerechnet enthält eine Tasse Tee weniger als die Hälfte des Coffeins der gleichen Menge Kaffee. Der langsame Abbau bewahrt Sie vor Müdigkeit und Katergefühl.

Das Coffein wirkt sich positiv auf Gehirndurchblutung und Gehirnstoffwechsel aus, erhöht Denkleistung und Denkgeschwindigkeit und setzt die Reizschwellen der Nervenzellen herab. Tee bekämpft damit Streß, er wirkt nicht nur euphorisierend, sondern auch antidepressiv.

Coffein fördert die Durchblutung peripherer

Gefäße und regt Herz und Kreislauf gleichermaßen an. Es wirkt leistungssteigernd und beugt der Ermüdung vor. Schließlich steigert Tee die Wasserausscheidung (diuretische Wirkung), unter anderem durch bessere Durchblutung des Nierenmarks.

Russische Mediziner haben sich sehr intensiv mit den Wirkungen von Tee beschäftigt und berichten (in weitgehender Übereinstimmung mit westlichen Fachleuten) über Behandlungserfolge bei Hypertonie (Bluthochdruck), Arteriosklerose (Arterienverkalkung), chronischer Hepatitis, vor allem über Linderung bei Rheuma, aber auch über die vorbeugende Wirkung zur Vermeidung des Herzinfarkts. Tee macht die Wände der Blutgefäße elastischer und reduziert hohen Blutdruck. Die harntreibende Wirkung von Tee verhindert die Bildung von Harnblasen- und Nierensteinen.

Erfolge werden auch bei der Behandlung von Ruhr und Bauchtyphus gemeldet – grüner Tee machte Antibiotika überflüssig. In Japan bewährte sich Tee gegen die Wirkungen von Strontium 90 und half damit Opfern der Atombombenabwürfe zum Ende des Zweiten Weltkrieges. Solche Erfahrungen reichen bis in die Krebstherapie. In »Nature '97« haben amerikanische Forscher um Jerzy Jankun (Medical College of Ohio,

Toledo) das EGCG (Epigallocatechin-3-Gallat) und seine Wirkungsweise gegen Tumore und Metastasen beschrieben. Die krebshemmende Wirkung wurde nachgewiesen. Weiter wurde festgestellt, daß EGCG nur bei grünem Tee vorhanden war, man vermutet, daß die Fermentation, die Verwandlung des Tees in schwarzen Tee, EGCG zerstört. Mehr wie eine Marginalie wirkt die Aussage des kürzlich verstorbenen ältesten Menschen, des 120jährigen Japaners Shigechiyo Izumi, er habe seinen Tag stets mit einer Schale Tee begonnen (und mit einem Glas Shochu, einem schwachen Getreideschnaps, beendet).

Gerbstoffe für den Magen, Fluor für die Zähne . . .

Die im Tee enthaltenen Gerbstoffe wirken ganz allgemein beruhigend auf Magen und Darm. Deshalb lassen magenempfindliche Teetrinker ihr Getränk fünf Minuten ziehen. Wer auf optimale Heilwirkung Wert legt, bevorzugt nicht fermentierten grünen Tee, der alle Gerbstoffe der Teeblätter enthält.

Von den zuerst genannten Mineralien sind vor allem das Kalium und Fluor (zur Bekämpfung von Karies) wichtig. Teegenuß trägt wesentlich dazu

Teataster bevorzugen das Masterset. Ich empfehle es auch Ihnen für die schnelle Tasse Tee «zwischendurch» oder für die häusliche Teeprobe.

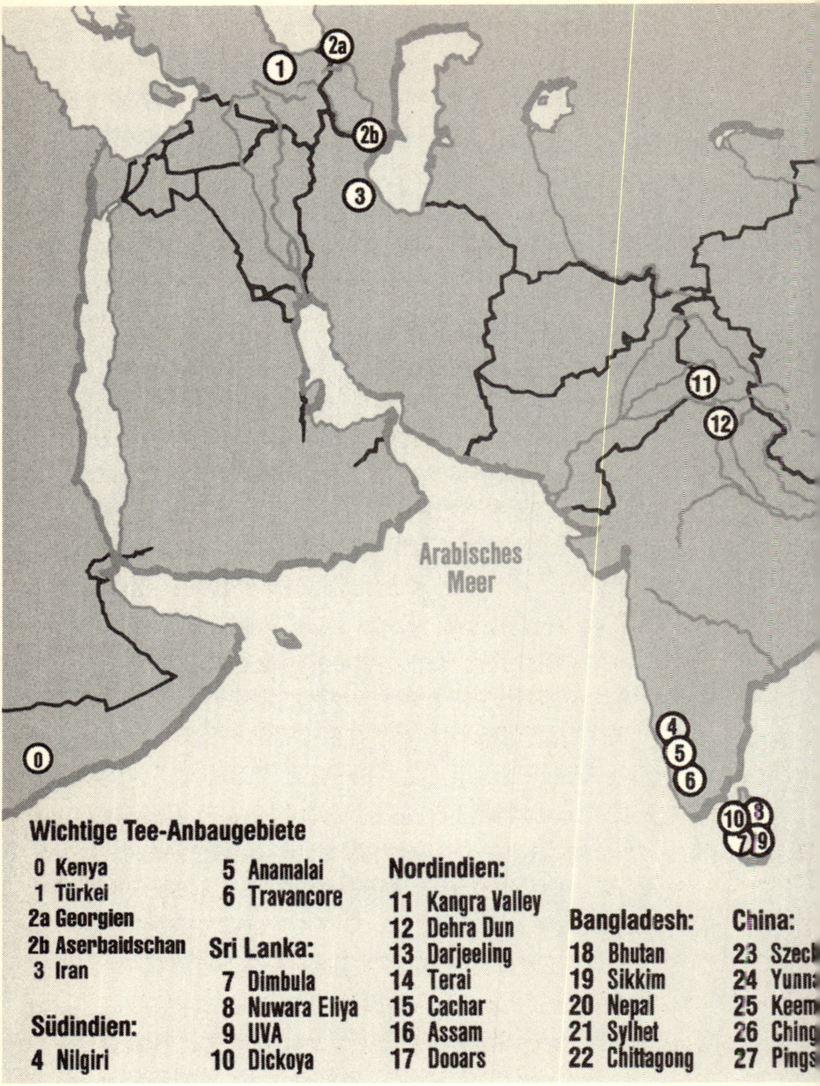
1
2a
2b
3
11
12
Arabisches
Meer
0
4
5
6
10
8
7
9
Wichtige Tee-Anbaugebiete
0 Kenya
1 Türkei
2a Georgien
2b Aserbaidschan
3 Iran
Südindien:
4 Nilgiri
5 Anamalai
6 Travancore
Sri Lanka:
7 Dimbula
8 Nuwara Eliya
9 UVA
10 Dickoya
Nordindien:
11 Kangra Valley
12 Dehra Dun
13 Darjeeling
14 Terai
15 Cachar
16 Assam
17 Dooars
Bangladesh:
18 Bhutan
19 Sikkim
20 Nepal
21 Sylhet
22 Chittagong
China:
23 Szec
24 Yunn
25 Keem
26 Ching
27 Pings

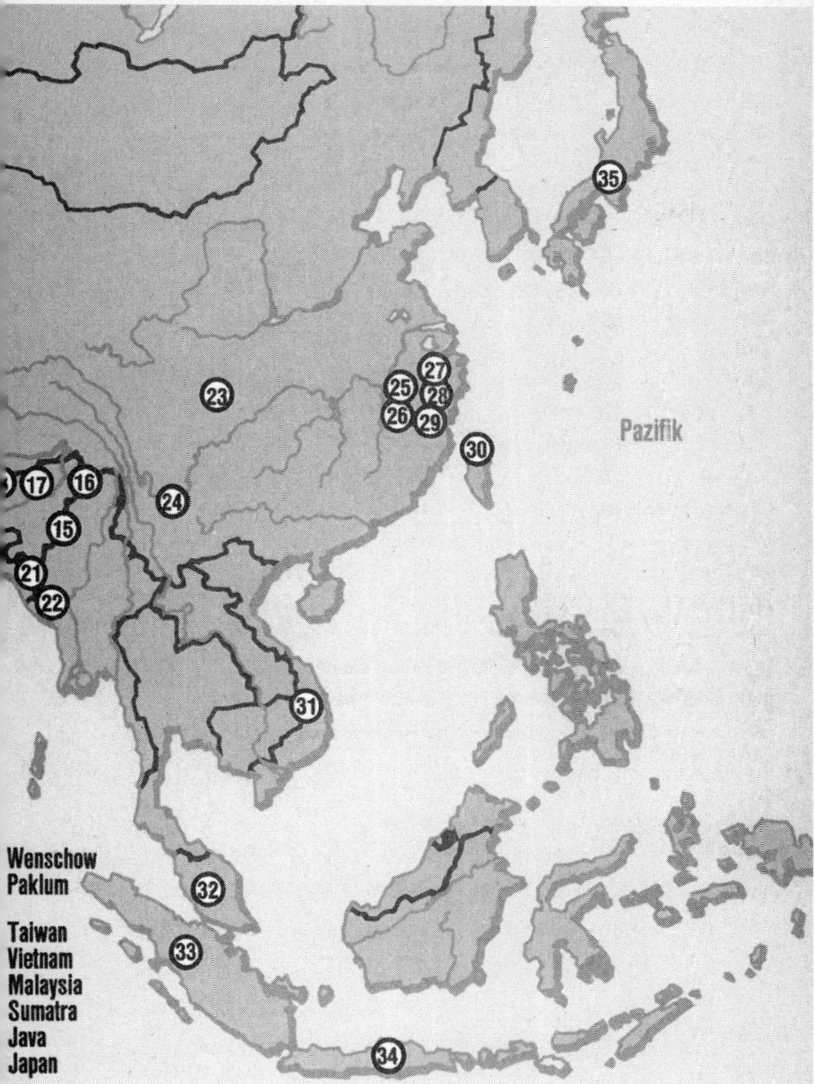
Pazifik
15
16
17
21
22
23
24
25
26
27
28
29
30
31
32
33
34
35
Wenschow
Paklum
Taiwan
Vietnam
Malaysia
Sumatra
Java
Japan

Der Teetisch soll eine wohlabgestimmte Kombination sein. Zum guten Tee gehört geschmackvolles Geschirr und Besteck, eine darauf abgestimmte Tischdecke, liebevoll ausgesuchte Dekorationsstücke und eine süße Beilage zur Abrundung.

bei, den Körper mit diesen beiden unentbehrlichen Mineralien zu versorgen.

. . . und Vitamine

Frische Teeblätter enthalten viermal soviel Vitamin C wie Zitronen- oder Apfelsinensaft. Leider geht zumindest ein Teil davon durch die Bearbeitung verloren, unterschiedlich nach Art der Aufbereitung der Blätter.

Wesentlicher für uns aber ist das »Antistreß-Vitamin« B_1. Neueste Forschungen belegen damit wissenschaftlich die Erfahrung, die schon bei altchinesischen Schriftstellern nachzulesen ist: »Wer Tee trinkt, vergißt den Lärm und die Hetze des Alltags.« Daß dieses Vitamin auch als Wachstumsvitamin bekannt ist und die Beriberi-Krankheit verhütet, kann uns nur angenehm sein.

Die Vitamine E_2, P und K machen die Haut elastisch und frisch, stärken die Wände der Haargefäße und wirken bei subkutanen Blutergüssen, die blaue Äderchen und Flecken bilden, vorbeugend. Tee als ein probates Mittel gegen Erkältungskrankheiten mag auf das Vitamin C zurückzuführen sein. Fünf Tassen täglich werden empfohlen: kräftiger Tee-Aufguß mit einem Eßlöffel Honig und zwei Eßlöffeln heißer Milch auf eine

Tasse Tee. Bei Halsentzündungen kann mit Tee gegurgelt werden.

Ganz allgemein kann gesagt werden, daß wir uns bei der Erforschung des Tees als Gesunderhalter erst am Anfang befinden. Über viele Inhaltsstoffe und Wirkstoffe wissen wir noch wenig, vor allem aber über deren uns heute oft noch rätselhaftes Zusammenwirken. Bilanzieren wir das Gesagte, so erscheint uns der Tee als Genußmittel, das gleichzeitig die Gesundheit fördert. Wo gibt es das noch einmal? Schädliche Wirkungen auch hohen Teekonsums sind nicht bekannt. Wie gesagt, Cornelius Bontecoe trank bis zu 200 Tassen täglich und starb durch einen Treppensturz.

Dürfen Kinder Tee trinken?

Ohne Bedenken kann man diese Frage bejahen.

Kinderärzte, die meine Teeseminare besucht haben, versicherten übereinstimmend, daß Kinder mit Tee, vor allem mit dem darin enthaltenen Coffein, keine Probleme haben. Im Gegenteil, es erhöht ihre Konzentrationsfähigkeit ebenso wie die der Erwachsenen.

Allerdings sollten Sie darauf achten, welchen Tee Ihre Kinder mögen und welchen sie ablehnen. Die Vorlieben sind verschieden. Häufig aber lieben Kinder aromatisierte Tees wie Erdbeer- und Himbeertees und sind voller Entdeckerfreude über die vielfältigen Aromen. Sie sollten darauf achten, daß Sie aromatisierte Tees guter Qualität bekommen, weil es gerade auf diesem Gebiet große Unterschiede gibt (vgl. S. 63).

Leiten Sie Ihre Kinder von einem gewissen Alter an, ihren Tee selbst zuzubereiten, und zeigen Sie ihnen den richtigen Weg. Vielleicht bekommen Sie dann am Sonntagmorgen Ihren Tee ans Bett gebracht.

Tee am Abend

Tee regt an, aber nicht auf. Trinken Sie ihn am Abend, so lassen Sie Ihren Tee fünf Minuten ziehen. Er enthält dann einen höheren Anteil von Gerbstoffen, die Magen und Darm beruhigen (Sie sollten das immer machen, wenn Sie einen nervösen und empfindlichen Magen haben oder unter Sodbrennen leiden). Nehmen Sie dann auch etwas weniger Teeblätter. Trotzdem ist Tee immer anregend und kann kein Einschlafmittel sein. Probieren Sie deshalb aus, wie Ihr Körper auf verschiedene Teesorten reagiert. Bei Jasmintee chinesischer Provenienz habe ich eine ausgezeichnete Bekömmlichkeit für Magen und Darm festgestellt. Chinesische und russische Tees zeichnen sich durch hohen Gerbstoff- (Tannin) und etwa 30% geringeren Coffeingehalt aus als die vergleichbaren indonesischen und ceylonesischen Tees.

Ein Kapitel Teekunde

Die Wiege des Tees stand in China

Hier müssen ein paar Sätze zur Geschichte des Tees gesagt werden. In grauer Vorzeit – die erste schriftliche Quelle ist gut 2000 Jahre alt, die mündliche Überlieferung wahrscheinlich erheblich älter – wurde der erste Tee in China gekocht. Die chinesische Teekultur hat eine Reihe von Perioden durchlaufen, die hier zu schildern den Rahmen sprengen würde. Die Methoden der Teezubereitung änderten sich im Laufe der Zeit, in jedem Fall aber wurde Tee anders bereitet, als wir es tun.*

Im 5. Jahrhundert kam der Tee mit buddhistischen Mönchen nach Japan, wo er bald Volksgetränk wurde und wo die Teezeremonie entstand,

* Johan Nieuhof bekam auf seiner China-Reise (1655–1657) Tee mit so vielen Zutaten vorgesetzt, daß er ihn anzüglich als »Bohnensuppe« bezeichnete.

die uns als Höhepunkt der Teekultur erscheint und mancherorts nachgeahmt wird. Tee war damals, das muß angemerkt werden, immer grüner unfermentierter Tee, oft pulverfein zermörsert, auch mit natürlichen Aromen verfeinert.

Als der erste Tee im Jahr 1610 in Amsterdam angelandet wurde und das neue Getränk bald darauf auf den Britischen Inseln weite Verbreitung fand, begann das Bestreben der Engländer, sich von den sich als Monopolisten aufführenden chinesischen Exporteuren unabhängig zu machen.

Die Geschichte, wie man sich in den Besitz chinesischer Sämlinge und Jungpflanzen setzte und im Botanischen Garten in London wie in verschiedenen britischen Kolonien Teepflanzen heranzuziehen versuchte, ist in die Geschichte des kolonialen Zeitalters eingebettet und liest sich in vielen Kapiteln wie ein Kriminalroman.

Die Bemühungen hatten zur Folge, daß 1838 die erste Sendung Tee aus dem indischen Assam nach London verschifft wurde. Ein paar Jahre früher, 1825, hatte der britische Major Robert Bruce den wild wachsenden Teebaum »Thea assamica« in den Wäldern Indiens entdeckt. In den vierziger Jahren begann man mit dem Teeanbau im nordindischen Darjeeling und erzielte exzellente Resultate. In Ceylon (heute Sri Lanka) wurde der Tee nach 1870 heimisch, als eine Pilzkrankheit die Kaffeekulturen fast restlos vernichtet hatte. Europäische Pflanzer legten Teegärten überall beiderseits des Äquators an, in Asien, Afrika und in Südamerika.

Wo und wie Tee wächst

Tee besteht aus den Blättern und Knospen des Teestrauches – des seit Jahrtausenden in China kultivierten Thea sinensis wie des 1825 in Indien entdeckten Thea assamica. Es werden heute meist Hybriden (Assam-Hybriden) gezogen, welche die Vorteile der China- und Assampflanzen vereinigen. Der Teestrauch gehörte ursprünglich zum Unterholz des Urwaldes. Er ist immergrün mit lederartigen Blättern. Im Teegarten wird er in Reihen gepflanzt, meist quer zum Hang, um den Ablauf des Wassers zu regulieren.

Würde man den Teestrauch sich frei entfalten lassen, so würde er sich zu einem Baum von etwa 10 Meter Höhe entwickeln. Durch ständiges Beschneiden wird er in einer Größe gehalten, die ein müheloses Pflücken der jungen Triebe ermöglichst. Gleichzeitig erzeugt man durch das Beschneiden viele zusätzliche Schößlinge.

An die Qualität des Bodens stellt der Teestrauch keine großen Ansprüche. Er soll tiefgründig, locker und humos sein. Sand und stauende Nässe sind Feinde des Teestrauchs. Bei der Monokultur ist eine intensive Düngung notwendig. Eigentlich kann Tee fast überall in Gebieten tropischen und subtropischen Klimas angebaut werden.

Auf das Klima kommt es an

Die Qualität des geernteten Tees steht und fällt mit dem Klima. Schon in China kamen die besten Teesorten aus dem Bergland.

Ideale Anbaubedingungen hat der Teestrauch dann an den Hängen des Himalaja, besonders in Darjeeling, gefunden und später in den Höhenlagen der Insel Ceylon.

In den feuchtheißen Ebenen Indonesiens und Afrikas – typische Anbaugebiete für Massentees, die in anonymen Mischungen und Teebeuteln verschwinden – kennt man keinen mit den Jahreszeiten wechselnden Klimaverlauf. Große kräftige Büsche mit fleischigen Blättern lassen eine Ernte das ganze Jahr über zu.

In Bergregionen dagegen unterscheidet man den Tee nicht nur nach dem Jahr und dem Teegarten, sondern auch nach der Jahreszeit, in der er gepflückt wurde. Je schwieriger die Anbaubedingungen, um so fein-aromatischer ist der Tee und um so mehr lohnt er die Mühe. Teekenner schmecken Klima und Boden durch.

Ohne Monsun keine Darjeeling-Qualität

Ein Teeklima par excellence hat Darjeeling (die ähnlichen Erzeugnisse umliegender Gebiete wie des Terai werden ebenfalls gern unter diesem klingenden Namen verkauft). Sein Klima wird durch den regelmäßig wehenden Monsun geprägt, der für den Luftaustausch zwischen dem Indischen Ozean und der Landmasse Innerasiens sorgt.

Da sich die Luft über Land stärker erhitzt als über dem Meer (und umgekehrt), weht der Monsun im Gegensatz zu den Passatwinden je nach Jahreszeit stetig nach Südosten oder Nordwesten, wobei die Luftmassen an den Hängen des Himalaja nach oben gedrückt werden und für entsprechende Niederschläge wie Luftfeuchtigkeit sorgen.

Nordindien kennt drei Klimaperioden: kaltes Wetter – warmes Wetter – Regenzeit; aus ihnen ergeben sich die jahreszeitlich gebundenen Qualitäten.

First flush – die erste Pflückung der ersten Knospen- und Blatt-Triebe, des ersten Grüns des neuen Erntejahres. Ernte nach dem Monsunregen, etwa Februar/März. Die besten dieser Tees erzielen auf den Auktionen Höchstpreise und werden per Luftfracht nach Europa gebracht. Typisch für Darjeelings sind die zarten, hellgrünen Blätter von lieblichem und blumigem Aroma. Hellfarbiger Abguß.

Second flush – die zweite Pflückperiode, beginnend im Mai/Juni. Dieser Darjeeling wächst häufig unter deutlich besseren klimatischen Voraussetzungen und erreicht das weltweit berühmte Darjeeling flavour. Grundsätzlich sind Darjeeling-Tees feine, blumige, duftende, zarte und, global gesagt hocharomatische Tees.

Regentee – während der sommerlichen Monsunperiode gepflückt, meist etwas dünn im Geschmack.

Autumnal – Herbsttee vom Ende der Vegetationsperiode. Diese Tees wurden früher ausschließlich im Eigenverbrauch belassen und haben keinerlei besondere, typische Aromaspitzen. Der ein oder andere deutsche Importeur dichtet heute den »Autumnals« besondere Eigenschaften an; seien Sie diesbezüglich sehr kritisch!

Hier spiegelt sich in den Qualitäten neben dem Standort des Teegartens auch der ganz spezielle Witterungsverlauf des Jahres wider, die Temperaturen sowie die Sonneneinstrahlung und die Feuchtigkeit des Vegetationszeitraumes, die von Jahr zu Jahr unterschiedlich sind. Dem »Blender« gibt die Vielfalt die Möglichkeit, eine von Jahr zu Jahr gleichbleibende Markenqualität zu mischen, dem Teefreund ist die Möglichkeit immer neuer Geschmackserlebnisse durch Gartentees der verschiedenen Jahreszeiten gegeben.

Vom Blatt zum Tee

Der Teestrauch soll Blätter und nicht Blüten erzeugen und muß in einer niedrigen Form gehalten werden, die es der Pflückerin ermöglicht, ohne Hilfsmittel an die Triebspitzen zu gelangen. Gepflückt wird selektiv, das heißt, es wird nicht wahllos jeder junge Trieb abgepflückt, sondern diejenigen, die mit zwei Blättern und einer Knospe (Two leaves and the bud) die optimale Größe haben. Es wird nur so viel in einer Pflückrunde gepflückt, daß die Pflanze nicht über Gebühr geschwächt wird.

Die Qualität des Tees hängt davon an, ob das Pflückgut gleichmäßig ist, der Tee ist also so gut wie die Pflückerin und das kontrollierende Management.

Beim Darjeeling mit seinen relativ kleinen Blättern kommen 6000 bis 9000 »Schüsse« auf ein Kilogramm fertigen Tee, bei größerem und gröberem Blattgut, wie im benachbarten Assam, kommt man mit etwa 3000 Schüssen pro Kilogramm Tee aus.

Die Pflücksaison und die Zahl sowie das Aufeinanderfolgen der Pflückrunden wird in den einzelnen Anbaugebieten durch die Vegetationsperiode vorgegeben. In tropischen Anbaugebieten mit feucht-warmem Klima und ganzjähriger Vegetationsperiode rechnet man mit bis zu 30 Pflückrunden. »Pflückmaschinen« werden in großem Maße nur in Georgien verwendet. Der so geerntete Tee ist nicht selektiv gepflückt und genießt international keine Wertschätzung, ist aber auch entsprechend billig.

Gleich nach dem Pflücken werden die grünen Blätter zur Fabrik gebracht. Es ist wichtig, daß die Verarbeitung im frischen Zustand erfolgt, die Anlieferung also mehrmals am Tag. Zuerst kommt das Welken, wobei den Teeblättern etwa 30% ihrer Feuchtigkeit entzogen wird, um sie für das dann folgende Rollen weich und geschmeidig zu machen. Früher geschah das auf großen Hürden, heute erledigen es Ventilatoren, die acht bis zwölf Stunden lang das auf Drahtnetzen lagernde Blattgut mit Heißluft bestreichen.

Beim Rollen werden die Zellwände der Blätter aufgebrochen, damit der austretende Zellsaft mit Luftsauerstoff in Berührung kommt. 30 Minuten wird in der Rollmaschine zwischen zwei Messingplatten gerollt, dann das »erste Dhool« der saftfeuchten geklumpten Blätter abgesiebt. Es wird weitergerollt, das »zweite Dhool« abgesiebt, später das dritte. Danach verbleibt nur das grobe Blattgut.

Immer mehr setzt sich die CTC-Methode durch, wobei die Blätter vor dem Rollen von Dornenwalzen zerrissen werden und auch nur ein 30minütiger Rollvorgang stattfindet. Dabei werden Stengel und Blattrippen weitgehend ausgeschieden.

Schon während des Rollens hat die Fermentation eingesetzt, wie die Oxydation des ausgeschiedenen Zellsaftes genannt wird. Dazu schichtet man das Blatt etwa 10 cm hoch auf den Boden oder auf große Tische und befeuchtet es gut. Nach etwa zwei bis drei Stunden, wenn der Tee eine kupferrote Färbung angenommen hat, wird der Fermentationsprozeß durch das Trocknen unterbrochen. Das geschieht heute im Heißlufttrockner.

Früher wurde in großen Pfannen auf dem Feuer getrocknet, woher die noch weitverbreiteten Begriffe »Rösten« und »Feuern« (Firing) stammen.

Das Trocknen dauert in einem modernen Heißlufttrockner nur etwa 20 Minuten. Dabei wird der Zellsaft angetrocknet, und aus der kupferroten Färbung ergibt sich eine schwärzliche. Anschließend erfolgt die Sortierung (maschinelles Aussieben) in die einzelnen Blattgrade.

Beim grünen Tee entfällt der Vorgang des Fermentierens. Die Blätter werden nach dem Welken nur leicht gerollt und dann durch Kurzzeiterhitzung getrocknet.

Die normale Verpackung des Tees »ab Fabrik«, die sein Aroma optimal erhalten soll, besteht aus Sperrholzkisten, die mit Aluminiumfolie und Seidenpapier ausgeschlagen werden.

Blattgrade, was ist das?

Sie haben auf Teepackungen und in Teepreislisten öfter geheimnisvolle Buchstabenreihen gesehen, die an die Hecks hochkarätiger Autos erinnern. Dabei handelt es sich um die »Blattgrade«. Das sind die Größensortierungen des Tees, angefangen vom Blatt-Tee bis zum letzten Staub, der nur in Teebeuteln verkauft werden kann. Diese Sortierungen haben klangvolle Bezeichnungen, die alle eine gewisse Tradition haben und auch weiter unten erläutert werden. Eins haben sie aber gemeinsam: In der heutigen Teewelt sind sie Bezeichnung einer Blattgröße. Aroma, Frische und Färbung sind von der Blattgröße unabhängig. Ich möchte mich deshalb, um Sie nicht mit für Sie nutzlosen Einzelheiten zu belasten, auf die Erklärung der am weitesten verbreiteten Abkürzungen beschränken.

Herkömmliche Produktion, im besonderen Indien Blatt-Tees

SFTGFOP	Special Fine Tippy Golden Flowery Orange Pekoe
FTGFOP	Fine Tippy Golden Flowery Orange Pekoe
TGFOP	Tippy Golden Flowery Orange Pekoe
GFOP	Golden Flowery Orange Pekoe
FOP	Flowery Orange Pekoe
OP	Orange Pekoe
P	Pekoe

Diese Bezeichnungen gibt es mit Zusätzen wie der hochstehenden Ziffer 1 ($SFTGFOP^1$) oder

»Super« und »Superior« als Ausweis besonderer Qualität.

Herkömmliche Produktion, im besonderen Indien Broken-Tees (Blattstücke)

TGFBOP	Tippy Golden Flowery Broken Orange Pekoe
GFBOP	Golden Flowery Broken Orange Pekoe
GBOP	Golden Broken Orange Pekoe
FBOP	Flowery Broken Orange Pekoe
BOP	Broken Orange Pekoe
BP	Broken Pekoe
BT	Broken Tea

Obwohl Blatt-Tees höher geschätzt und demzufolge auch höher bezahlt werden als Broken, bedeutet das keinesfalls, daß Broken immer als zweite Qualität abzutun sind. Aus rein technischen Gründen müssen die Blatt-Tees eine Minderheit bleiben. Broken-Tees sind wegen ihrer größeren Oberfläche meist von höherer Ergiebigkeit, ziehen schneller und ergeben eine dunklere, breitere, gröbere Tasse. Fannings bedeutet eine kleinere Aussiebung, die meist für Teebeutel Verwendung findet.

Dust (Staub) umfaßt kleinste und allerkleinste Teilchen und wird gern Teebeuteln als Färbemittel beigegeben, da er in Sekundenschnelle nach dem Überbrühen intensive Farbe zeigt.

CTC-Produktion

BOP	Broken Orange Pekoe
BP	Broken Pekoe
PF	Pekoe Fannings
PD	Pekoe Dust

Das CTC-Verfahren hat sich seit einigen Jahren besonders auf dem Markt der Massen- und Billigtees durchgesetzt. Der Name bedeutet: C (crushing) = zermalmen; T (tearing) = zerreißen; C (curling) = rollen. Bei diesem vollautomatischen Prozeß werden größere und ältere Blätter mitverarbeitet. Genau wie die mit Hilfe des Cutters (Blattschneidemaschine) hergestellten herkömmlichen Broken, haben CTC-Tees eine große Oberfläche, bieten dem Wasser bei der Extraktion eine große Angriffsfläche, färben stark und haben – mit wenigen Ausnahmen – ein breites, wenig aufregendes Aroma.

Gern erkläre ich Ihnen nun noch die Herkunft der übrigen Begriffe, die heute nur noch Blattgrößen bezeichnen und ihrer ursprünglichen Bedeutung entkleidet sind:

Tippy Golden oder *Golden (Tips)* – hauchzarte, auf der Blattunterseite mit hellem Flaum behaftete feinste Teeblättchen. Sie sind auch nach dem Fermentationsprozeß noch hell und golden und bleiben geschmacksneutral. Sie geben dem Tee ein hübsches Aussehen, der Tee ist »Tippy«. Daran erkennt der Fachmann einen wertvollen Highgrown-(Hochland-)Tee.
Flowery – zarte und feine Blattqualität. Wörtlich: Das jüngste Blatt ist »im Aufblühen«.
Orange – keine Bezeichnung eines Aromas. Orange steht für das niederländische Königshaus Oranien. Also eine königliche Qualität.
Pekoe – so wurde das »dritte Blatt« genannt. Eine Bezeichnung für einfache Tees.

Teeländer – Teetypen

Hier will ich Ihnen einen Überblick über die wichtigsten Teeanbaugebiete geben. Die jeweiligen Teegärten (die eng eingegrenzten Tea garden) mit ihren reizvollen speziellen Qualitäten können und sollen nicht in diesem Buch aufgeführt werden. Sie müssen sie selbst entdecken.

China. Mutterland des Tees. Von dort kommen liebliche, blumige, leichte, coffeinarme, hellfärbende Tees (etwa 30% Coffein weniger als Assam- oder Ceylon-Tees). Berühmte Sorten sind Keemun, Yunnan, Lapsang-Souchong. Interessant sind auch die von alters her aromatisierten Tees mit Rosen-, Jasmin- und Lotosblüten. China ist in der Weltrangliste der zweitgrößte Teeproduzent (588 Millionen kg) und der drittgrößte Exporteur (168,5 Millionen kg).

Indien. Größter Teeproduzent mit großen, berühmten Anbaugebieten. *Nordindien* (568 Millionen kg) umfaßt hauptsächlich

Assam. Größtes zusammenhängendes Teeanbaugebiet der Welt am Brahmaputra. Kräftige, würzige, dunkle Tees. Hochbezahlte Raritäten haben einen Hauch von malt flavour oder baken flavour, das heißt, sie schmecken ganz leicht nach Malz oder frisch gebackenem Brot.

Darjeeling. Himalaja-Tee, der in Höhen bis 2500 Meter wächst. Das Städtchen Darjeeling am Südhang des Himalaja hat diesem hochinteressanten Teeanbaugebiet den Namen gegeben. Darjeelings sind feine, hocharomatische, oft teuer bezahlte Tees. Duftig, blumig, hellfärbend. Der Fachmann stellt sie an die Spitze aller Teequalitäten. Bei Darjeeling-Tees wird nach den

Jahreszeiten unterschieden (First flush, second flush usw. vgl. Seite 104).

Südindien. Mehrere kleine Teeanbaugebiete mit einer Produktion von zusammen 186 Millionen kg jährlich. Nilgiri-Distrikt mit dem feinsten Ceylon-ähnlichen Tees, Travancore mehr dem Assam ähnelnd.

Welche gigantischen Teemengen in Indien selbst verbraucht werden, ergibt sich aus der Gegenüberstellung der Produktion (754 Millionen kg) und des Exports (163 Millionen kg).

Indonesien. Man produziert 133 Millionen kg, exportiert davon aber 79 Millionen kg. Die Tees aus Indonesien haben keine besonderen Eigenschaften und sind mit mittlerem Assam vergleichbar. Sie werden meist zur Herstellung von Mischungen benutzt.

Japan. Tee aus Japan wird nur selten angeboten und hat auch in Mitteleuropa wenig Freunde, da es sich ausschließlich um grünen Tee handelt. Berühmt ist der Sencha, der bei der japanischen Teezeremonie Verwendung findet. Interessant ist auch der Kirschblütentee. Japan produziert jährlich 85 Millionen kg Tee, verbraucht das zum größten Teil selbst und muß weiteren Tee importieren.

Kenya. Ein junges Teeland. Man hat Mühe, den von Engländern und Indern geschaffenen Qualitätsstandard zu halten; man setzt oft mehr auf Quantität als auf Qualität, so daß die »Assamlike«-Qualitäten weitgehend der Vergangenheit angehören. Meist Massentees, die nach England gehen. Die Produktion konnte von 90 Millionen kg (1981) auf 246 Millionen kg (1995) gesteigert werden. Mit mehr als 237,5 Millionen kg zweitgrößter Exporteur.

Ceylon (Sri Lanka). Der Tee aus diesem Land wird nach alter Tradition nach wie vor als Ceylon-Tee bezeichnet. Bis vor 100 Jahren eine Kaffee-Insel, bis der Rostpilz die Plantagen bis auf den letzten Baum vernichtete. Heute ist Sri Lanka mit mehr als 2500 Pflanzungen (1995 246 Millionen kg, davon 235 Millionen kg exportiert) größter Exporteur der Welt und an dritter Stelle der Weltrangliste als Produzent. Ceylon-Tees sind feinherb und hellfärbend. Die wichtigsten Anbaugebiete sind Nuwara Eliya, Uva, Dimbula und Dickoya.

Formosa (Taiwan). Ähnliche, meist deutlich feinere Teequalitäten als China. Besonders wird der halbfermentierte Fancy Oolong gerühmt, ein zauberhaft blumiger, hellfärbender, großblättriger Tee. Mit 21 Millionen kg nur etwa 3,5 % der chinesischen Teeproduktion.

Georgien. Der in Grusinien im Kaukasus angebaute Tee ist ein wenig interessantes Genußmittel und trotzdem traditionell beliebt, vielleicht eine Nostalgieerscheinung des alten Ostblocks. In diesem Gebiet wurde zuerst die vollautomatische Tee-Ernte entwickelt und praktiziert. Tees aus dieser Region sind reich an Tannin, aber arm an Coffein (ca. 30 % weniger als Assam- oder Ceylon-Tee). Nicht zu verwechseln mit Russischer Mischung (vgl. Seite 83). Georgien und Aserbaidschan produzierten 15 Millionen kg.

Schließlich will ich Ihnen noch erklären, was Sie von klassischen Teemischungen – wenn sie gekonnt geblendet (gemischt) worden sind – erwarten können:

Chinesische Mischungen. Meist leichte, blumige Blatt-Tees, geeignet für den Nachmittag und den Abend. Nicht selten mit einem leichten Jasmin-Aroma. Diese Mischungen sind hervorragend als »Magentröster« geeignet, wenn Sie sich nicht wohl fühlen.

Englische Mischungen. Ursprünglich aus guten Ceylon-Tees mit etwas Assam, evtl. ein geringer Anteil von Kenya-Tee. Neben diesen guten Blatt-Teemischungen bestehen englische Konsummischungen heute fast ausschließlich aus afrikanischen Broken.

Ostfriesische Mischungen. Gut »geblendet« bestehen sie aus großblättrigen Assam-, Ceylon- und Java-Tees, mittel bis dunkel im Aufguß mit würzigem bis feinherbem Aroma. Diese Tees eignen sich hervorragend dazu, mit Sahne getrunken zu werden.

Russische Mischungen. Für viele, die in Georgien gewachsenen Tee erwarten, enttäuschend, da sie keinen Tee aus dieser Region enthalten. Mischungen aus guten Blatt-Tees indischer und chinesischer Herkunft – kräftig, würzig, rauchig. Alte Rezepturen von Tees, die auf dem Landweg durch Rußland nach Mitteleuropa kamen (vgl. Seite 83).

Wettbewerb der Teetrinker

England wird meist als das Land des höchsten Teeverbrauchs genannt. Das stimmt nicht mehr, denn Weltmeister sind die Saudis (Saudi-Arabien) mit einem jährlichen Pro-Kopf-Verbrauch von mehr als 6000 Gramm. In unseren Breiten halten die Iren mit 3160 Gramm den Europarekord. Allerdings reihen sich gleich dahinter die Einwohner Großbritanniens mit 2530 Gramm ein (mit stark abnehmender Tendenz, 1950 schätzte man noch 4500 Gramm). Es folgen Türkei (2020 Gramm), Irak (2000 Gramm), Neuseeland (1230 Gramm). Da macht sich bemerkbar, daß der Islam seinen Anhängern Alkohol verbietet, denn gleich nach dem von englischer Tradition geprägten Australien (950, 1985 noch 1570 Gramm) folgen hier Sri Lanka, Tunesien, der Iran und Jordanien. Ein klassisches Teeland wie Japan verbraucht nur 1030 Gramm pro Kopf und Jahr. Erst spät in der Reihe folgt die Bundesrepublik Deutschland seit 1985 unverändert 220 Gramm pro Kopf und Jahr. Dieser Durchschnittswert wird durch den Teedurst der Friesen möglich, in allen anderen Gebieten liegt der Verbrauch wesentlich darunter.

Die erste Tasse befeuchtet mir die Lippen,
die zweite verscheucht meine Einsamkeit,
die dritte durchdringt mein trockenes Innere,
die vierte ruft leichtes Schwitzen hervor,
die fünfte läutert mich,
die sechste ruft mich in das Reich der Unsterblichkeit,
die siebte Tasse . . . doch ich kann nicht weiter trinken.

Lo Tung

Welcher Tee wann und wozu?

Eines schickt sich nicht für alle – das gilt auch für den Tee. Nur wenn Sie eine dem Tag und der Tageszeit und dem Anlaß entsprechende Sorte wählen, können Sie optimalen Genuß erwarten. Da es zahlreiche solcher Anlässe gibt, Tee aber nur beschränkte Zeit lagern soll, habe ich Ihnen empfohlen, nicht mehr als fünf Sorten angebrochen zu lagern. Es ist also besser, ein kleines, wechselndes Sortiment zu haben als eine unübersehbare Reihe von teilweise überalterten Tees.

Ganz allgemein kann gesagt werden, daß zum Essen, besonders zu aromatischen Speisen, aromastarke Tees gereicht werden sollten, zur Teepause jedoch mehr duftig-blumige Sorten. Geben Sie zum Tee auch Gebäck, so achten Sie darauf, daß es sich dem Aroma des Tees anpaßt oder sogar unterordnet. Ihr Sortiment sollte auf jeden Fall zarte liebliche wie auch kräftig-würzige Tees enthalten.

«Schößling» eines Teestrauchs: Two leaves and the bud (Zwei Blätter und eine Knospe).
Auf den folgenden Seiten eine «Teelandschaft» in Sri Lanka (Ceylon) – der Teegarten zieht sich über Hügel und Hänge, zwischen den sorgsam auf Pflückhöhe gestutzten Teesträuchern die Pflückerinnen. Der Korb dieser Pflückerinnen wird durch einen Stirnriemen gehalten.

Der »Early Morning Tea« (am besten schmeckt er im Bett, aber wer ist bereit, ihn zu bereiten und zu bringen?): Eine feinwürzige Darjeeling-Mischung oder eine zart-blumige chinesische Mischung, zum Beispiel ein Oolong.

Zum Frühstück, zu Marmeladenbrot und Käse, etwas Kräftiges. Ich empfehle eine aromatische, nicht zu »harte« Ceylon-Assam-Mischung.

Um 11 Uhr machen wir eine Teepause (»Elevenses« sagt man in England) mit einem zart-aromatisierten Tee, zum Beispiel Earl Grey auf der Basis einer Ceylon-China-Blattmischung.

Nach dem Mittagessen ein leichter chinesischer Grüntee zur Unterstützung der Verdauung, zum Beispiel ein Tee mit Jasminblüten (Jasmine Chung Hao oder Pon Chong). Darüber hinaus gibt es auch leicht fermentierte Teemischungen mit Jasminblüten.

Beim Five o'clock-Tea richtet sich die Teeauswahl danach, ob es etwas Süßes zum Tee gibt. Ist das der Fall, dann ist eher eine Ceylon-Hochland-Mischung zu empfehlen, sonst ein blumiger Darjeeling.

Setzen wir voraus, daß es zum Abend ein deftiges Schinkenbrot gibt: Dazu sollten Sie einen rauchigen Blatt-Tee aus China trinken, zum Beispiel Lapsang Souchong, oder eine handfeste Ostfriesenmischung (Assam, Ceylon, Java).

Das alles, lieber Teefreund, ist eine individuell gefärbte Auswahl. Sie sollten Ihre eigene Liste aufstellen. Zuvor aber noch ein paar Tips für den Einstieg von »Kaffeetrinkern«: Als Early Morning Tea ein fruchtiger Aprikosentee, zum Frühstück eine Mischung aus Quitten-, Kokos- und Korinthentee, um 11 Uhr Wildkirsche, nach dem Essen Ingwer-Aprikosentee, am Nachmittag Mangotee und zum Abendessen Whiskytee mit echtem Scotch. Dagegen ist Kaffee sicherlich langweilig.

Die zehn goldenen Regeln für den Teegenuß

1. Kaufen und verwenden Sie nur frischen Tee.
2. Bevorraten Sie nie mehr Tee – im Anbruch –, als Sie in maximal zehn Wochen trinken! In einer original verschlossenen Verbundfolienverpackung (System King's Teagarden) bleibt der Tee mindestens sechs Monate frisch. Bitte auch in der Aufbrauchzeit den Verbundfolienbeutel nutzen.
3. Dosieren Sie die Menge richtig! Faustregel: Fünf gehäufte Teelöffel für sechs Tassen. Genauer: 2,75 g Blatt-Tee für 150 ml Wasser = eine Tasse oder 14 g Blatt-Tee für 900 ml Wasser. Bei Broken 10 bis 15 % weniger.
4. Frisches Wasser kurz aufkochen. Wasser nie zu lange kochen lassen.
5. Tee in ein Brüh- und Ziehgefäß schütten, zum Beispiel in eine hitzebeständige Haushalts-Glaskanne.
6. Alles kochende Wasser über die Teeblätter

gießen und das Gefäß mit einem Deckel schließen. Teatimer auf genau drei Minuten Ziehzeit einstellen.

7. Erst wenn der Teatimer (Teeuhr) läutet, den Tee von den Teeblättern in Ihre Porzellan-Teekanne abgießen. Keine Filtertüten, kein Bambussieb oder ähnliches benutzen.
8. Den fertigen Tee – niemals den Tee direkt von der Ziehkanne in die Tasse gießen – keinesfalls auf ein Stövchen, Rechaud oder ähnliches zum Warmhalten stellen. Tee ist ein hochsensibles Genußmittel und kann mit keinem Hilfsmittel frischgehalten werden. Er bleibt in der Porzellankanne ca. 40 bis 50 Minuten gut warm. Danach ist er alt und verdorben. Auf dem Stövchen – es wirkt wie ein Bunsenbrenner! – ist Ihr Genußmittel innerhalb von Minuten zerstört!
9. Reinigen Sie Ihr Teeporzellan – auch die Kanne – mit Geschirrspülmittel. Ihr Teegeschirr muß clean sein. Nur Metallkannen – die »Erbkanne« zum Beispiel – dürfen nie mit Reinigungsmittel gesäubert werden.
10. Nehmen Sie etwas Kandis, weiß, in Ihren naturbelassenen Tee. Ein großes Stück Kandis bleibt für bis zu drei Tassen Tee in Ihrer Teetasse liegen. Immer wieder heißen Tee nachgießen. Für aromatisierten Tee nehmen Sie

Rohrzucker aus der Karibik. Lieben Sie Rum in Ihrem Tee, dann nehmen Sie den teuersten und davon drei Tropfen in einen kräftigen, würzigen Tee. Lieben Sie Sahne im Tee, dann benutzen Sie ein gutes Produkt und nehmen nur einen halben Teelöffel voll in Ihren Tee. Alles ist eine Dosierungsfrage: Also wenig dazu!

Wenn der Tee nicht schmeckt

Eine Checkliste für die Praxis

Habe ich nach der richtigen Methode Tee zubereitet?
Kein Netz, keine Filtertüte, keinen Teebeutel, kein Tee-Ei, keine Klemmlöffel benutzen. Keine Teemaschine, kein Samowar und was es sonst noch alles zum Teeverderben gibt, auch die noch so raffinierte Teekanne mit irgendwie geartetem Einsatz. Vgl. Seite 31. Wiegen Sie den Tee mit der Waage aus.

Habe ich die richtige Teemenge genommen?
2,75 g pro Tasse Blatt-Tee, 2,5 g pro Tasse Broken, bei sechs Tassen ein Sechstel weniger. Vgl. Seite 31.

Habe ich eine falsche Teesorte gewählt?
Fehlt Erfahrung mit dieser Sorte? Vgl. Seite 120

War der Tee alt?
Nur frisch gekaufter Tee in absolut luftdichter Verpackung garantiert Genuß. Lassen Sie den Tee nicht länger als zehn Wochen liegen, und schützen Sie ihn am besten im Verbundfolienbeutel gegen Luftkontakt, Fremdgerüche und Feuchtigkeit. Vgl. Seite 20.

War das Wasser frisch und geeignet?
Das Wasser soll geruchsneutral und kalt aus der Leitung kommen und nach drei Sekunden sprudelndem Kochen auf die Teeblätter gegossen werden. Nicht stehen lassen und nicht wieder aufkochen! Vgl. Seite 34.

Habe ich den Tee zu heiß oder zu kalt getrunken?
Ihn durch Zugabe von etwas Kaltem wie Sahne oder Alkohol zu sehr abgekühlt? Oder zu lange auf das Auflösen des Kandis gewartet?

Habe ich die richtige Brühkanne verwendet?
Nur Glas und Porzellan; Kannen aus anderen Materialien sind ungeeignet. Die Kanne mit Geschirrspülmittel absolut sauber reinigen, nicht vorwärmen. Vgl. Seite 33.

Habe ich die richtige Ziehzeit eingehalten?
Genau drei Minuten, für Magenempfindliche fünf Minuten, dann in eine absolut saubere kalte Kanne abgießen, durch ein sauberes Sieb oder ohne dieses. Vgl. Seite 37.

Wurde der Tee durch Hitze zerstört?
Haben Sie Ihren Tee auf ein Stövchen oder eine andere Warmhalte-Vorrichtung wie Rechaud oder Herdplatte gestellt? Ihn in der Warmhaltekanne oder unter der Warmhaltehaube ersticken lassen? Ihr Tee behält auch ohne alle diese »Hilfsmittel« 30–40 Minuten lang seine Trinktemperatur. Vgl. Seite 39.

Habe ich den Tee zu sehr gesüßt?
Auf ein mittleres Stück Kandis kann man nach und nach drei Tassen Tee gießen. Hüten Sie sich vor der Beigabe von Zitrone, sie zerstört Ihren Tee. Vgl. Seite 46.

Bin ich nicht in der richtigen Stimmung?
Das kommt besonders dann vor, wenn Sie eine bestimmte Situation reproduzieren wollen, zum Beispiel ein Urlaubserlebnis mit ganz bestimmten Freunden und einem bestimmten Tee. Die Wiederholung zu Hause gelingt kaum. Vgl. Seite 50.

Bin ich nicht »tea-like«?

Tee kann nicht schmecken, wenn man vorher Knoblauch gegessen, die Zähne mit einer Mint-Pasta geputzt hat oder wenn man unter einer Halsentzündung leidet. Räucherstäbchen und starkes Parfüm, auch der Geruch von Reinigungsmitteln beeinträchtigen den Teegenuß.

Liegt es am Umfeld?

Prüfen Sie, ob es Ihnen zu kalt oder zu warm ist, zugig, ungemütlich, zu hell oder zu dunkel. Befinden Sie sich in der Gesellschaft von Personen oder Tieren, die Ihnen nicht behagen? Vgl. Seite 51.

Wie man Teekenner wird

Weinkenner wird man durch lebenslanges Probieren. Das ist unbestritten. Bordeaux, Burgund, Rheingau, Franken, 80er, 81er, 83er . . .

Sie, lieber Teefreund, sind längst über das Stadium hinaus, in dem Tee ganz einfach Tee ist. Sie freuen sich darüber, daß es in dem einen oder anderen Café und Restaurant bereits eine Teekarte mit einer Auswahl gibt, oft nur klein, aber eben doch eine Auswahl und ein Fortschritt gegenüber den Bewirtungsbetrieben, in denen ein Glas heißes Wasser und auf einem Tellerchen ein Teebeutel gebracht wird.

Es ist nicht nur so, daß Weintrinker oft auch Teefreunde sind und umgekehrt, beide Getränke haben viel miteinander gemein. Nicht nur, daß an den klimatisch problematischsten und ungünstigsten Stellen die aromatischsten Sorten wachsen. Die Vielfalt ist es, die die Freunde beider Getränke fasziniert. Das immer wieder neue Geschmackserlebnis, das den Genuß nicht zur Routine werden läßt. Echte Teefreunde sind experimentierfreudig wie Weinkenner. Sie finden immer neue Sorten, und sie sind gesellige Menschen, weil sich allein schlecht probieren und über die Geschmackseindrücke sprechen läßt.

Man soll es nicht unterschätzen, auch dem Teefreund steht die Welt offen, und neben den traditionellen ost- und südasiatischen Produzenten gibt es mehr und mehr Tee aus Afrika und Südamerika, auch aus Vorderasien, genauer: Georgien, Türkei, Iran. Neben den traditionellen, stets gleichbleibenden Mischungen, bei denen die Launen der Natur durch eine entsprechende Veränderung der Rezeptur ausgeglichen werden, wendet sich der interessierte Teetrinker verstärkt den Gartentees zu. Sie versprechen von Jahr zu Jahr, je nach Witterungsverlauf, eine unendliche Fülle unterschiedlicher Geschmacksvarianten, wobei Klima und Boden und die Jahreszeit der Pflückung »durchschmecken«.

Diese Fülle sollte Ihnen Anregung sein, vielleicht im Stil der allgemein üblichen »Weinprobe«, auch im geselligen Kreis einmal eine »Teeprobe« zu inszenieren. Man wird die Idee, sich so auf den Weg vom Teefreund zum Teekenner zu begeben, sicher gern aufgreifen, schließt sie doch interessante Möglichkeiten ein:

Schwarz, Oolong und grün – Aromen aus aller Welt – von Darjeeling nach Assam – Gartentees der neuen Ernte – u. a. m.

Im Gegensatz zu anderen Lebensmitteln gibt es keine festen Werte zur Bestimmung der Qualität von Tee. Sie sind bei der Prüfung allein auf ihre Sinneseindrücke angewiesen. Trotzdem sollten Sie die sensorische Prüfung nach einem bestimmten System vollziehen:

1. Sorgen Sie dafür, daß alle zu beurteilenden Tees nach exakt der gleichen Methode zubereitet werden, möglichst nach dem in diesem Buch beschriebenen Zwei-Kannen-System. Nach Möglichkeit sollte die Teezubereitung durch eine Person erfolgen, die nicht an der Beurteilung teilnimmt.
2. Sorgen Sie dafür, daß alle Proben mit gleicher Temperatur gereicht werden, in gleichen Mengen und in die gleichen Gefäße abgefüllt. Ohne einen Hinweis auf die Sorte oder Herkunft (verdeckte Probe oder Blindprobe).
3. Beurteilen Sie zuerst den Duft (rein – unrein, aromatisch – nicht aromatisch usw.).
4. Beurteilen Sie dann die Farbe (rein und klar – unsauber, trübe, hat einen Schleier usw.).
5. Beurteilen Sie als drittes den Geschmack (aromatisch, sympathisch, gut – unsauber, fremd, unsympathisch usw.; typisch – unty-

pisch für das Anbaugebiet, den Teegarten, die Jahreszeit/den Jahrgang).

6. Prüfen Sie auch die trockenen Blätter (Blatt-Tee, Broken, Dust usw.).

Sie werden Ihre Geschmacksnerven schulen, Ihren Teeverstand schärfen und sicherer sein, zu jeder Gelegenheit den richtigen Tee und damit den optimalen Genuß zu wählen.

Der Eistee

Traditionell werden aromatisierte Teesorten zu Eistee verarbeitet. Sie können Ihre puristische Neigung aber auch hier ausleben und mit einem naturbelassenen Tee, z. B. einem feinen Oolong, Ihren Lieblingseistee produzieren. Bedingt durch das Verfahren ist diese Teeart – Eistee – auch relativ lange in Ordnung. Wir haben gelernt: Hitze zerstört und, im Umkehrschluß, Kälte erhält!

Man nehme in Abänderung der 10 goldenen Regeln Seite 127:

- nur 50% kochendes Wasser
- läßt den Tee 5 Minuten auf den Teeblättern stehen, ziehen
- gibt die volle Menge Zucker zum Teekonzentrat
- gibt die noch fehlenden 50% Wasser in Form von Eisstückchen zum Tee

– stellt alles in einem geschlossenen Glas- oder Porzellangefäß in den Tiefkühlschrank und schockt es auf eiskalt
– nun ist der Eistee fertig zum Gebrauch oder kann z. B. in einer Thermoskanne über längere Zeit verfügbar gehalten werden.

Tee von A bis Z

Anis Seite 67
Aromatisierte Tees Seite 63
Ätherische Öle. Aromaträger des Tees, hochempfindlich
Arteriosklerose Seite 89
Assam Seite 57, 100, 113
Autumnal Seite 104
Assam-Hybride Seite 101

Backey. »Angebacken«, unerwünschtes Aroma, das sich durch zu hohe Temperaturen bei der Trocknung bildet
Baken flavour Seite 113
Bancha. Grüner Tee, japanischer Alltagstee
Bangladesh. Kräftiger, breiter, einfacher Tee, ähnlich einem sehr einfachen Assam
Bergamotteöl Seite 64
Bio-Tee Seite 75
Black-Teas. Schwarze, fermentierte Tees
Blattgrade Seite 108
Blattstücke Seite 110
Blatt-Tee Seite 109
Blend. Teemischung aus mehreren Teegartentees oder Provenienzen Seite 116
Bluthochdruck Seite 89
Body. Ein Teeabguß mit Fülle an Aroma, Farbe und Intensität
Bohea. Chinesischer Teedistrikt, Tee mit diesem Namen wurde bei der »Bostoner Teaparty« ins Meer ge-

worfen und löste den Amerikanischen Unabhängigkeitskrieg aus.
BOP Seite 111
BP Seite 111
Bold. Ein zu grobes Blatt, das noch einmal die Schneidemaschine hätte passieren müssen.
Bread- and Butter-Tea. Regentee mit wenig Aroma
Bricktea. Ein aus Blattgrus und Staub gepreßter grüner Ziegel- oder Tafeltee aus China. Hauptsächlich zur Volumenreduktion und besserer Auslastung der Kamele erfunden. Qualitativ ohne Bedeutung, schlechter Tee
Bright. »Hell, glänzend«, eine leuchtendrote und kräftige Infusion (flüssiger Tee)
Broken Seite 111
BT Seite 111
Büro-Set Seite 62
Büro, Tee im Seite 62
Burgunderkuchen Seite 61
Cachar. Assam-Tee geringerer Qualität
Caddy Seite 72
Canton. Aromatisierter China-Oolong
Camellia assamica, siehe Thea assamica Seite 100
Camellia sinensis, siehe Thea sinensis Seite 101
Cardamom Seite 67
Ceylon Seite 115
Chadô. Teeweg der Zen-Buddhisten
Cha-no-yu. Teezeremonie
Chest. Traditionelle Teekiste aus Sperrholz, mit Bandeisen verstärkt, innen mit Metallfolie und Seidenpapier ausgelegt, Exportverpackung für etwa 40 bis 50 kg Tee
China Seite 112
Chinesische Mischungen Seite 57, 116
Ching wo. In Foochow (Südchina) hergestellte Tees von geringerer Qualität
Chuen cha. Fermentierter chinesischer Tee, gute Qualität

Chun mee. Grüner chinesischer Blatt-Tee, bitter

Chun chao. Guter halbfermentierte Oolong

Chung hao. Grüner, bester chinesischer Tee mit Jasmin

Cisaruni. Java-Tee, spritzig, fruchtig

Cochin. Teeauktionsstadt in Südindien, Kaltwettertee

Clean. Tee mit reinem, neutralem Aroma oder saubere Gradsortierung, also Tee ohne Fannings oder Dust

Coffein Seite 13, 38, 88

Colour. Abgußfarbe

Congou. Chinesischer Tee mit kräftigem Aroma

Country greens. Chinesischer grüner Tee, abgerundete grünlichgoldene Farbe

Cream. Trübung beim abkühlenden Tee, besonders bei guten Assams. Entsteht durch eine Verbindung von Catechin mit Coffein, sieht aus wie Kaffee mit Sahne.

Crop. Ernte eines Teegartens

CTC Seite 107, 111

Cutter. Teeschneidemaschine, in ihr werden Teeblätter gebrochen, das heißt zu Broken zerschnitten. Seite 111

Darjeeling Seite 57, 100, 113

DH. Deutscher Härtegrad, Skala der Wasserhärte deutscher Wasserversorgungseinrichtungen

Dhool Seite 107

Dickoya Seite 115

Dimbula Seite 115

Diuretin. Bestandteil des Tees, entwässernde Wirkung

Dooars. Teeanbaugebiet in Nordindien, Tee ähnlich einem Assam

Dull. Stumpf, eine Tasse Tee, die nicht klar und leuchtend ist

Durchblutung Seite 89

Dust Seite 110

Earl Grey Seite 64

Early-Morning-Tea Seite 125

Earthy. Ein Geschmack in der Tasse, der auf Lagerung des Tees in Feuchtigkeit schließen läßt.
Eistee. Im Gefrierschrank eisgeschockter Tee, speziell hergestellt, Rezept Seite 137
Elevenses Seite 125
Englischer Art, Tee nach Seite 80
Englische Teebrötchen Seite 56
Englischer Teekuchen Seite 56
English Blend. Englische Mischung Seite 117
Estates. Bezeichnung für Teegärten

Fannings Seite 110
Fermentation Seite 107
Feuern Seite 108
Fibrous. Hohe Holzanteile im Tee, besonders bei Fannings und Dust
Filter Seite 41
Fine shotty. »Vogeldunst« feinster Siebgrad, Sieb 7, bei Gun-Powder
Firing Seite 108
First chop. Erste Lieferung der neuen Ernte
First flush Seite 104
Five o'clock-Tea Seite 125
Flakey. Flaches, schlecht gemachtes Blatt; schlechtes Welken und ungenügendes Rollen sind die Ursachen
Flavour. Gutes Aroma, das typisch für einen hochgewachsenen Spitzenblatt-Tee ist.
Flowery Seite 112
Flugg. Dicker, haariger Staub beim Sieben oder Mischen von schwarzen Teeblättern
Fluor Seite 90
Flush. Der neue Trieb des Teestrauches, komplett »two leaves and the bud«
FBOP Seite 110
FOP Seite 109
Formosa Seite 116
FTGFOP Seite 109
Frühstückstee. Meist kräftige Mischungen mit einem hohen Anteil eines guten Ceylon Seite 125
Fukien, Provinz in China

Gartentee siehe Teegartenrein

GBOP Seite 110
Gebäck zum Tee Seite 54
Georgien Seite 116
Gerbstoffe Seite 87
Geschichte des Tees Seite 99
GFBOP Seite 110
GFOP Seite 109
Glendale. Tee aus Nilgiri, Südindien
Golden tip Seite 112
Grade, siehe Blattgrade Seite 108
Grüntee, grüner Tee Seite 69
Grusinien Seite 84, 116
Gun-Powder. Chinesischer grüner Tee, kugelförmig gerollt
Gyokuro. Hochwertiger Grüntee aus Japan

Härtegrad siehe DH
Halsentzündungen Seite 96
Harsh. Herb, streng, rauh, ein schlechter Geschmack, der bei Teequalitäten auftritt, bei denen unausgereifte, zu groß gepflückte Blätter verarbeitet wurden.
Harnblasensteine Seite 89
Heavy. Dicker, starker, farbiger Abguß, wenig Frische. Meist überfermentierte Tees, keine gute Qualität.
Hepatitis Seite 89
Herzinfarkt Seite 89
Highgrown. Hochlandtees, gekennzeichnet durch besonders feines, zartes, blumiges Aroma Seite 112
High Range. Teeanbaugebiet in Südindien
High Tea. Die größte Teemahlzeit in England, der Abendtee mit allem Drum und Dran
Hoochows. Tee mit hellem, dünnem Aufguß, geeignet für einfache Konsummischungen
Hybriden Seite 101
Hypertonie Seite 89
Hyson. Berühmter chinesischer Grüntee

Ice Tea, siehe Eistee
Illam. Zartblumiger Tee aus Nepal
Indien Seite 113
Indonesien Seite 114

Infusion. Extrahierte Teeblätter

Imperial. Ein grobgeformter Tee, der bei der Produktion von Gun-Powder übrigbleibt

Iren Seite 118

Irische Mischung. Kräftigwürzige Blatt-Teemischungen

Japan Seite 114

Japanische Teezeremonie Seite 51

Jasmin. Weiße, zauberhaft duftende Blüte, die in China gerne zum Aromatisieren von vorwiegend grünem Tee benutzt wird. Jasmin wirkt auf Zonen im vorderen Gehirnteil und bewirkt deutliche Stimulation, Seite 64, 113

Jungpana. Darjeeling-Teegarten, der einen Tee mit Muscatelflavour produziert.

Kalorien Seite 88

Kaltwettertee. Langsam gewachsener Tee, meist in Ceylon und Südindien, wird zwischen Januar und Mitte März geerntet. Gehaltvoll und teuer

Kandis Seite 47

Karawanentee Seite 83

Keemun. Provinz in China, blumige, liebliche Tees Seite 113

Kenya Seite 115

Klima Seite 102

Kluntjesknieper Seite 52

Kochen. Häufig wird die Teezubereitung so genannt. In einigen Ländern, z. B. der Türkei, wird der Tee tatsächlich gekocht.

Koffein, siehe Coffein Seite 13, 38, 88

Kuchen zum Tee Seite 56

Kueihua. Chinesischer, halbfermentierter Tee, aromatisiert mit Kassiablüten.

Lapsang-Souchong. Schwarzer, großblättriger China-Tee mit stark rauchigem Aroma, Seite 113

Lavendel Seite 67

Light. Ein Abguß ohne

Farbtiefe, der jedoch Aroma und Frische haben kann.
Lok-on-Tea. Tee aus der Provinz Yunnan, besonders verdauungsfördernd
Lotusblüten Seite 64
Lowgrown. Tee aus tiefer gelegenen Teegärten, leichter und weniger aromatisch als Hochlandtee

Malty (malt flavour) Seite 113
Mark. Jeder Tee wird unter seinem Teegarten-Namen verkauft.
Masterset Seite 91
Matcha. Japanischer Grüntee, wird bei der Teezeremonie benutzt.
Mate. Kein »Tea«, sondern ein Stechpalmengewächs. Enthält weniger Coffein als Tee. Südamerikanisches Getränk
Mineralstoffe Seite 90
Minze Seite 64
Mischung, siehe Blend
Monsun Seite 103
Müdigkeit Seite 88
Muffins Seite 54
Musty. »Dumpfig«, in Übersee zu feucht abgepackter Tee; deshalb muffig nach Keller und Sack riechend und unangenehm schmekkend.

Neutral. Ein Abguß, der keinen besonderen Charakter hat.
Nierensteine Seite 89
Nilgiri. »Blaue Berge«, Teeanbaugebiet in Südindien, Hochland. Der Tee ist einem guten Nuwara Eliya sehr ähnlich, Seite 114
Nordindien Seite 113
Nutty. Nußartiges Aroma. Second-flush-Tees aus der Trockenperiode Ceylons, Nilgiris, Javas
Nuwara Eliya. Westseite des Zentralmassivs von Sri Lanka (2000 m); sogenannte Champagnersorten Seite 115

Oolong. Halbfermentierte, großblättrige Tees mit

teilweise herrlich blumigem, lieblichem Aroma. Besondere Qualitäten aus Taiwan, z. B. der Fancy Oolong Super. Es kommen aber auch recht gute Oolong aus China. Die Hauptmengen werden in die USA und in den Nahen Osten exportiert, Seite 116

OP Seite 109

Orange Seite 112

Orangenschalen, Orangenöl Seite 67

Ostfriesenart, Tee nach

Ostfriesische Mischungen Seite 77

P Seite 109

Paklumblüte. Siehe Weißer Tee

Panyong. Chinesischer Tee niederer Qualität

Parfümierter Tee. Siehe Aromatisierter Tee

PD Seite 111

Pekoe Seite 112

Pekoe Souchong. Bezeichnung für das vierte bis sechste Blatt abwärts von der Blattknospe, Tee mit »grobem Blatt«.

PF Seite 111

Pflückung. Ernte des Tees Seite 105

Pingsuey. Schwarzer, kräftiger chinesischer Tee

Plain. Abguß ohne Charakter, Qualität, Frische und Aroma, kann aber Farbe und Kraft haben. Ursache der Mängel kann zuviel Regen in der Wachstumsperiode sein. Wird für Konsumtees verwendet.

Point. Frische und angenehme Herbheit bei Ceylontees

Poochong. Chinesischer Jasmintee

Pu erh beeng cha. Chinesischer Schwarztee, verdauungsfördernd und »Schlankmacher«.

Quality. Der allgemeine Hinweis auf einen Qualitätstee.

Rauchtee. Tee mit einem Raucharoma, zum

Beispiel Lapsang Souchong, Seite 64
Red. Rotes Blatt, deutet auf zu grobes Pflücken. Entsteht auch beim »Tobacco-cut-Verfahren« ohne Welkprozeß und bei CTC-Tees.
Regentee. Während der Regenzeit schnell gewachsener Tee, Seite 104
Reine Sorte, siehe Teegartenrein
Rheuma Seite 89
Rich. Eine sehr gut abgerundete Qualität, von großer Tiefe und Güte.
Rösten Seite 108
Rohrzucker Seite 47
Rollen Seite 107
Rosen Seite 64
Round. Guter, tiefer und runder Abguß, aber nicht so gut wie rich.
Rum Seite 48
Russische Mischung Seite 83
Russischer Tee Seite 83

Sahne Seite 48
Samowar Seite 83
Saudi-Arabien Seite 118
Schwarzer Tee Seite 69
Scones Seite 55
Sechung Oolong. Chinesischer Tee aus Amoy mit natürlich gewachsenem Pfirsicharoma, nicht aromatisiert; eine Rarität.
Second flush Seite 104
Self drinking tea. Dieser Tee kann so getrunken werden, wie er im Ursprung gewachsen ist, also teegartenrein und unvermischt mit Erzeugnissen anderer Teegärten.
Sencha. Grüner Tee aus Japan, Herbsttee
SFTGFOP Seite 109
Smokey. Unangenehmer, rauchiger Geschmack im Abguß, Trocknungsfehler nach der Fermentation.
Spring tea. Frühlingstee, das erste Grün des neuen Erntejahres
Sri Lanka Seite 115
Stövchen Seite 39
Streß Seite 88
Südindien Seite 114

Su-lan-Tee. Chinesische Teemischung aus fermentiertem und halbfermentiertem Tee mit Sü-ho-hsiang-Blüten.
Sun-Moon. Einfacher Schwarztee aus Taiwan
Sunny Islands. Aromatisierter Tee mit Pfirsich-Mango-Zitrone
Super Seite 110
Sutton. Nilgri-Tee mit spritzigem Aroma
Szechuan. Chinesische Provinz; blumige, gerbsäurearme Schwarztees

Taiwan Seite 116
Tannin, siehe Gerbstoff
Tarry Lapsang. Ein chinesischer Rauchtee, kräftig, breit
Tasse. Handelsübliche Bezeichnung der Teataster für den Abguß, den nach der Ziehzeit abgegossenen Tee.
Tea bag. Teebeutel Seite 80
Teacaddy Seite 72
Tea garden. Teegarten, eine abgegrenzte Teeanbaufläche, ähnlich wie Weingarten.
Teataster, Teetester, der Fachmann, der im Ursprungsland oder in den Importländern den Tee prüft; er ist für die Qualitätsbeurteilung und Mischungszusammensetzung verantwortlich. Er beurteilt die jeweiligen Qualitäten durch sensorische Prüfungen. Seine Fähigkeiten kann man durch Übung erlernen.
Teatimer Seite 38, 59, 128
Tee. Das bessere und genauere Wort ist Tea, denn die deutsche Sprache bezeichnet als Tee auch alle Kräutertees, künstliche Zitronentees usw. als Tee. In diesem Buch ist immer Tea gemeint, der Tee vom Teestrauch.
Teeauktionen. Sie finden in den wichtigsten Verladeplätzen wie Calcutta, Colombo, Cochin, aber

auch in London und Rotterdam statt.

Teebeutel Seite 80

Teebowle. Es gibt eine Reihe sehr interessanter Rezepte. Leider gehört zu allen Teebowlen viel Alkohol. Ich halte davon wenig und genieße Tee lieber rein.

Tee-Ei Seite 36

Teefilter Seite 41

Teegartenrein. Tee aus einem bestimmten Teegarten, der beim Verkauf auch genannt werden sollte. Solche Tees haben viel Ausdruck und vermitteln einen besonderen Genuß. Auch Gartentees genannt.

Tee im Büro Seite 62

Teekampagne. Unter diesem Titel toben »Materialschlachten«. Tee, zumeist mit der Bezeichnung Darjeeling first oder second flush, wird in Großpackungen verhökert. Die Argumentation für diese Vertriebsform hält keinerlei fachlicher Überprüfung stand, unter der Überschrift: Genußmittel Tee. Leser von »Tea« finden alle Argumente gegen diese Vertriebsform von »hotdrinks«.

Teekiste, siehe Chest

Teemaschinen Seite 44

Tee mit Schuß Seite 48

Teeprüfer, siehe Teataster

Teesieb Seite 36

Teestrauch Seite 101

Teewaage Seite 32, 59

Teewagen Seite 58, 62

Teezeremonie Seite 51, 99

Tein, Thein, siehe Coffein

Terai Seite 103

TGFBOP Seite 110

TGFOP Seite 109

Thea assamica. Aus Assam stammende Stammpflanze der Teekulturen Seite 100 f.

Theaflavine Seite

Thearubigene Seite

Thea sinensis. Aus China stammende Stammpflanze der Teekulturen Seite 101

Theophyllin. Bestandteil

des Tees mit entwässernder Wirkung
Thick. Gehaltvoller »dikker« Abguß, mit viel löslichen Festkörpern (Extrakt)
Thin. Ein dünner Abguß ohne Gehalt
Tin kuan yin. Chinesischer, halbfermentierter milder Tee
Tips, Tippy Seite 109, 112
Tired. Gealterter Tee, häufig im Umlauf, bedingt durch ein zu großes Verkaufssortiment, einen zu geringen Umsatz, eine falsche Verpackung und unsachgemäße Lagerung.
Tischdekoration Seite 52
Tranvancore Seite 114
Trocknen Seite 108
Two leaves and the bud Seite 105

Uji. Japanische Teegärten
Uneven. »Ungleich«, es können unsortierte Blätter sein, es kann ein unegal gewelktes Blattgut oder ein ungenügend gerolltes Blattgut sein. Die Qualität ist in jedem Fall stark beeinträchtigt.
Uva. Ostseite des Zentralmassivs von Sri Lanka (2000 m). Der Uva-Distrikt liefert feinwürzige, hocharomatische Tees, die zu den besten der Insel zählen, Seite 115

Vanille Seite 67
Venesta. Dreischichtiges Sperrholz für die Teekisten
Verbundfolienbeutel Seite 22, 29, 60
Vitamine Seite 95

Wasser Seite 34
Wasserfilter. Die Stiftung Warentest hat 1987 und später diverse Filtersysteme getestet und rät von deren Benutzung u. a. für Teewasser ab.
Weißer Tee, White Tea. Nur die Blattknospe, die besonders bearbeitet und erhalten wird.

Häufig wird dieser Tee auch als Paklumblüte bezeichnet. Die besten Sorten kommen aus China und sind nahezu unbezahlbar.

Welken Seite 108

Woody. Beschreibt den Geschmack eines Herbsttees, der zum Schluß der Produktionsperiode geerntet wurde. Kein guter Tee, man nennt ihn auch wild woody.

Yunnan. Chinesische Provinz, erzeugt ganz sanft rauchigen, schwarzen Tee. Neue Forschungen Pariser Ärzteteams haben herausgefunden, daß gerade dieser Tee eine besondere Eigenschaft besitzt: Yunnan senkt radikal den Cholesterinwert im Blut. Es sind auch in Berlin entsprechende Erfolge erzielt worden.

Ziehzeit Seite 37

Ziegeltee, siehe Bricktea

Zimt Seite 67

Zitrone Seite 48

Zucker Seite 47